I0052561

MINERAIS DE FER

DE LA FRANCE ET DE L'ALGÉRIE

PARIS. — TYPOGRAPHIE LAHURE
Rue de Fleurus, 9

MINERAIS DE FER

DE

LA FRANCE ET DE L'ALGÉRIE

ANALYSÉS AU BUREAU D'ESSAI

DE L'ÉCOLE DES MINES

DE 1845 A 1877

PARIS

DUNOD, EDITEUR

LIBRAIRE DES CORPS DES PONTS ET CHAUSSÉES ET DES MINES

49, QUAI DES GRANDS-AUGUSTINS, 49

1878

HISTORIQUE DU BUREAU D'ESSAI

DE

L'ÉCOLE DES MINES.

Le Bureau d'essai de l'École des Mines a été créé par arrêté du Ministre des Travaux publics en date du 16 novembre 1845.

Il a pour objet spécial l'essai ou l'analyse des substances minérales.

Aux termes de l'arrêté constitutif, les personnes qui désirent obtenir un essai doivent déposer à l'École des Mines les échantillons à analyser, avec une indication de la localité d'où ils proviennent et des conditions de leur gisement. Il leur est ultérieurement délivré un extrait certifié du registre des essais, présentant, suivant les cas, l'analyse complète des échantillons, ou simplement leur teneur en éléments utiles.

Les essais se font gratuitement, dans l'intérêt de l'industrie nationale, de l'agriculture, de l'hygiène publique, ou parfois dans un but exclusivement scientifique.

Depuis sa fondation jusqu'à la fin de l'année 1877, le Bureau d'essai de l'École des Mines a fait 21 873 essais ou analyses, qui peuvent être classés de la manière suivante, d'après la nature des substances examinées :

	NOMBRE d'essais ou analyses.
Alliages métalliques	452
Argiles, kaolins, sables	1 665
Calcaires à chaux grasse, chaux	832
Calcaires à chaux hydraulique, ciments	1 252
Combustibles minéraux	2 343
Eaux minérales, eaux potables, etc.	850
Métaux divers, fontes, aciers, etc.	450
Minerais d'antimoine	61
— d'argent	572
— de cobalt et de nickel	300
— de cuivre	1 981
— d'étain	199
— de fer	3 622
— de manganèse	238
— de mercure	57
— d'or	710
— de plomb	2 970
— de zinc	679
Phosphates, engrais minéraux	550
Pyrites de fer, pyrites arsenicales	503
Sel marin, sels divers	250
Échantillons divers	1 337
Total	21 873

Les noms des Administrateurs de l'École des Mines, et ceux des Ingénieurs et des Chimistes, qui ont dirigé ou exécuté les travaux du Bureau d'essai depuis sa fondation, sont présentés dans le tableau suivant :

DIRECTEURS de L'ÉCOLE DES MINES	INSPECTEURS de L'ÉCOLE DES MINES	DIRECTEURS du BUREAU D'ESSAI	ADJOINTS A LA DIRECTION du BUREAU D'ESSAI	CHIMISTES ou AIDE-CHIMISTES
	1845 - 1847 DUFRÉNOY Ingén. en chef des Mines. —	1845 - 1847 EBELMEN, Ingénieur en chef des Mines, Directeur des laboratoires. RIVOT, Ingénieur des Mines, chargé de la direction des essais. —		1846 PIERRE 1847 CHANCEL
1848 - 1856 DUFRÉNOY Inspecteur gén. des Mines. —	1848 - 1855 LEPLAY Ingén. en chef des Mines. —	Directeurs des laboratoires et du Bureau d'essai. —	1852 - 1855 BEUDANT Ingénieur des Mines. —	1848 - 1862 DAGUIN 1852 - 1853 BOUQUET 1854 - 1855 GORJEU ET DROZ
1857 - 1871 COMBES Inspecteur gén. des Mines. —	1856 - 1861 DE SÉNARMONT Ingén. en chef des Mines —	1848 - 1868 RIVOT Ingénieur des Mines —	1856 - 1868 MOISSENET Ingénieur des Mines. —	1856-1859 DEMANET 1856-1872 DELVAUX
1872 - 1877 DAUBRÉE Inspecteur gén. des Mines. —	1862 - 1869 GRÜNER Ingén. en chef des Mines. —	1869-1876 MOISSENET Ingénieur des Mines. —	1869 - 1877 CARNOT Ingénieur des Mines. —	1856 - 1877 RIOULT 1859 LE BAIGUE
	1870 - 1877 DUPONT Ingén. en chef des Mines.	1876-1877 CARNOT Ingénieur des Mines. —	Novembre 1877 LE CHATELIER Ingénieur des Mines. —	1860 - 1864 RIGOUT 1864 - 1877 BRUNET

NOTE EXPLICATIVE

Le présent volume contient les résultats des analyses faites à l'École des Mines sur les minerais de fer de provenance française. Les échantillons analysés ont été fournis par soixante-quatorze départements de la France et par les trois départements de l'Algérie.

Le nombre des analyses s'élève à 1539.

Elles se trouvent classées par départements, suivant la provenance des minerais, et portent en outre l'indication de la nature minéralogique de chaque échantillon, de la personne qui en a fait l'envoi et de la date de l'essai.

Le tableau d'analyse fait connaître, avec la teneur en fer de chaque minerai et la nature de sa gangue, la proportion exacte des différentes substances qu'il renferme et qui peuvent avoir une influence utile ou nuisible sur la qualité des produits métallurgiques, telles que le manganèse, le soufre, le phosphore, etc.

La silice et l'alumine ont été, en général, dosées et présentées à part; cependant on s'est quelquefois borné à les déterminer ensemble, sans pousser plus loin l'analyse de la gangue argileuse. C'est ce que l'on pourra remarquer pour une partie des analyses antérieures à 1861 et aussi pour quelques séries d'échantillons analysés plus récemment, mais provenant tous d'une même région et associés à des gangues de nature uniforme.

Les teneurs en fer et en manganèse ont toujours été représentées par les proportions de peroxyde de fer et d'oxyde rouge de manganèse, quel que fût en réalité l'état d'oxydation de ces métaux dans le minerai. L'un des avantages de ce mode de notation est de simplifier la comparaison des minerais au point de vue de leur rendement industriel.

L'analyse a été complétée par une simple détermination de la perte de poids obtenue après calcination prolongée; un dosage spécial de l'eau, de l'acide carbonique et des matières bitumineuses n'aurait eu qu'un intérêt tout à fait secondaire pour la métallurgie.

Les résultats des analyses qui figurent dans ce volume ont été relevés sur les registres du Bureau d'essai de l'École des Mines par M. A. Carnot, ingénieur des mines, professeur de docimasie et directeur des laboratoires, avec l'aide de M. L. Rioult, chimiste du Bureau d'essai.

MINERAIS DE FER

DE FRANCE ET D'ALGÉRIE

ANALYSÉS AU BUREAU D'ESSAI DE L'ÉCOLE DES MINES.

DÉPARTEMENTS.	NOMBRE des échantillons analysés.
Ain	3
Aisne	3
Allier	8
Alpes (Hautes-)	2
Alpes-Maritimes	1
Ardèche	4
Ardennes	8
Ariége	63
Aube	8
Aude	20
Cantal	2
Charente	5
Cher	36
Corrèze	6
Corse	11
Côte-d'Or	3
Côtes-du-Nord	5
Creuse	2
Dordogne	37
Doubs	22
Drôme	4
Eure	2
Finistère	19
Gard	15
Haute-Garonne	4
Hérault	48
Ille-et-Vilaine	38
Indre	25
Isère	24
Jura	7
Landes	3
Loir-et-Cher	2
Loire	5
Loire (Haute-)	3
Loire-Inférieure	4
Loiret	2
A REPORTER	454

DÉPARTEMENTS.		NOMBRE des échantillons analysés.
	REPORT	454
Lot		6
Lot-et-Garonne		20
Lozère		12
Maine-et-Loire		56
Manche		53
Marne		11
Haute-Marne		99
Mayenne		9
Meurthe		166
Meuse		11
Morbihan		4
Moselle		110
Nièvre		33
Nord		2
Oise		4
Orne		2
Pas-de-Calais		11
Puy-de-Dôme		2
Basses-Pyrénées		39
Hautes-Pyrénées		3
Pyrénées-Orientales		70
Bas-Rhin		5
Haut-Rhin		2
Rhône		20
Haute-Saône		78
Saône-et-Loire		12
Sarthe		4
Savoie		7
Seine-et-Oise		3
Seine-Inférieure		3
Tarn		15
Tarn-et-Garonne		7
Var		7
Vaucluse		2
Vendée		4
Vienne		7
Vosges		3
Yonne		6
ALGÉRIE.	Alger	43
	Constantine	101
	Oran	33
	Total	1539

DÉPARTEMENT DE L'AIN.

NOMBRE DES ÉCHANTILLONS ANALYSÉS : **3.**

MINERAIS DE FER.

Nature : Fer oxydé hydraté.

Provenance : Arrondissement de Belley. — Canton de Belley. — Commune de Chazey-Bons.

Analyse :

	(1)	(2)	(3)
Silice	7.00	7.33	11.00
Alumine		2.00	3.00
Peroxyde de fer	48.40	81.30	80.00
Oxyde rouge de manganèse	—	—	—
Chaux	25.00	1.00	—
Magnésie	—	traces	—
Acide sulfurique	—	0.81	traces
Acide phosphorique	traces	0.25	0.10
Perte par calcination	19.00	7.66	5.50
Total	99.40	99.35	99.60

Nom de la personne qui a fait l'envoi : (1, 2) M. Laurent de Villers. — (3) M. Bidreman.

Date de l'analyse : (1, 2) septembre 1854. — (3) juin 1856.

DÉPARTEMENT DE L'AISNE.

NOMBRE DES ÉCHANTILLONS ANALYSÉS : 3.

MINERAIS DE FER.

Nature : Hématite brune.

Provenance : Arrondissement de Château-Thierry. — Canton de Neuilly-Saint-Front. — Commune de Silly-la-Poterie.

Analyse :

	(1)	(2)	(3)
Silice / Alumine	52.67	29.00	17.00
Peroxyde de fer	29.00	52.00	66.66
Oxyde rouge de manganèse	4.33	5.00	3.00
Chaux	2.33	3.33	traces
Magnésie	—	—	—
Acide sulfurique	—	—	traces
Acide phosphorique	0.33	0.25	0.30
Perte par calcination	11.00	10.00	13.00
Total	99.66	99.85	99.96

Nom de la personne qui a fait l'envoi : M. Schmitz.

Date de l'analyse : octobre 1866.

DÉPARTEMENT DE L'ALLIER.

NOMBRE DES ÉCHANTILLONS ANALYSÉS : **8.**

MINERAIS DE FER.

Nature : Hématite brune avec hématite rouge (1, 2, 3, 8). Hématite brune (4, 7). Hématite rouge (5, 6).

Provenance : Arrondissement de Montluçon...... Canton de Cérilly. Forêt de Tronçais (3, 4). Le Vilhain (5). Canton et commune de Commentry (6). Canton et commune de Montluçon (7).
Arrondissement de la Palisse. — Canton de la Palisse : Le Breuil (1). La Palisse (2). Le Monteil (8).

Analyse :

	(1)	(2)	(3)	(4)	(5)	(6)	(7)	(8)
Silice	17.00	58.00	42.50	16.50	3.60	4.00	19.00	15.50
Alumine	1.33							
Peroxyde de fer	72.00	37.00	4.33	4.00	94.90	92.49	69.33	78 50
Oxyde rouge de manganèse	0.30	—	37.00	57.60	—	—	—	—
Chaux	0.33	—	6.00	9.66	—	—	—	—
Magnésie	—	—	—	—	—	—	—	—
Acide sulfurique	0.14	—	0.20	0.30	—	0.69	traces	—
Acide phosphorique	traces	traces	—	—	traces	traces	traces	—
Perte par calcination	8.67	4.60	9.66	11.33	1.00	1.00	11.66	5.50
Total	99.77	99.60	99.69	99.39	99.50	99.98	99.99	99.60

Nom de la personne qui a fait l'envoi : (1, 2) M. Grawitz. — (3, 4) M. Bordet. — (5) M. Maret. — (6) M. Mége. — (7) M. Paillette. (8) M. Virloy.

Date de l'analyse : (1, 2) août 1872. — (3, 4) octobre 1860. — (5, 6) mars 1861. — (7) avril 1857. — (8) juin 1857.

DÉPARTEMENT DES ALPES (HAUTES).

NOMBRE DES ÉCHANTILLONS ANALYSÉS : 2.

MINERAIS DE FER.

Nature : Oligiste avec hématite brune.

Provenance : Arrondissement de Gap. — Canton de Saint-Bonnet, les Barraques-de-la-Fare.

Analyse :

	(1)	(2)
Silice / Alumine	17.67	43.00
Peroxyde de fer	56.67	49.00
Oxyde rouge de manganèse	—	—
Chaux	13.67	—
Magnésie	—	—
Acide sulfurique	—	traces
Acide phosphorique	0.06	traces
Perte par calcination	11.33	8.00
Total	99.40	100.00

Nom de la personne qui a fait l'envoi : (1) M. Quenescourt. — (2) M. Gros.

Date de l'analyse : (1) juin 1865. — (2) juillet 1871.

DÉPARTEMENT DES ALPES-MARITIMES.

NOMBRE DES ÉCHANTILLONS ANALYSÉS : 1.

MINERAIS DE FER.

Nature : Hématite brune.

Provenance : Arrondissement de Grasse. — Grand-Camp.

Analyse :

	(1)
Silice	2.60
Alumine	0.60
Peroxyde de fer	83.20
Oxyde rouge de manganèse	—
Chaux	traces
Magnésie	traces
Acide sulfurique	0.10
Acide phosphorique	0.10
Perte par calcination	13.30
Total	99.90

Nom de la personne qui a fait l'envoi : M. Talent.

Date de l'analyse : mai 1877.

DÉPARTEMENT DE L'ARDÈCHE.

NOMBRE DES ÉCHANTILLONS ANALYSÉS : **4.**

MINERAIS DE FER.

Nature : Hématite brune (1,2, 4). — Hématite avec fer oxydé rouge (3).

Provenance :
- Arrondissement de Largentière.— Canton et commune de Rives (1).
- Arrondissement de Privas : Canton et commune d'Aubenas (2). Canton de Privas, commune de Veyras (3).
- Arrondissement de Tournon. — Canton de Saint-Péray, commune de Soyons (4).

Analyse :

	Rives. (1)	Aubenas. (2)	Veyras. (3)	Soyons. (4)
Silice	15.45	9.00	13.66	6.60
Alumine				2.30
Peroxyde de fer	65.55	77.50	75.33	73.60
Oxyde rouge de manganèse	—	—	—	0.30
Chaux	3.75	—	1.33	0.60
Magnésie	—	—	—	traces
Acide sulfurique	—	0.10	0.20	traces
Acide phosphorique	0.50	traces	0.30	0.15
Perte par calcination	14.00	13.00	9.00	16.00
Total	99.25	99.60	99.82	99.55

Nom de la personne qui a fait l'envoi : (1) M. Bergeron. — (2) M. Paillette. — (3) M. Bidreman. — (4) M. Rivière.
Date de l'analyse ; (1) mai 1855. — (2) octobre 1857. — (3) juillet 1864. — (4) octobre 1874.

DÉPARTEMENT DES ARDENNES.

NOMBRE DES ÉCHANTILLONS ANALYSÉS : 8.

MINERAIS DE FER.

Nature : Fer oxydé hydraté.

Provenance :
- Arrondissement de Mézières. — Canton et commune de Charleville (1).
- Arrondissement de Rocroy. — Canton de Rocroy, le Châtelet (4).
- Arrondissement de Sedan. — Canton de Sedan. — Bazeilles (2, 3). Fleigneux (5, 6, 7). Chimay (8).

Analyse :

	(1)	(2)	(3)	(4)	(5)	(6)	(7)	(8)
Silice… / Alumine…	39.00	19.60	10.83	44.00	22.00	15.33	43.00	33.30
Peroxyde de fer…	51.33	58.36	65.36	40.60	64.00	76.33	50.00	38.00
Oxyde rouge de manganèse…	—	—	—	—	—	—	—	1.30
Chaux…	3.00	2.70	2.34	1.30	—	—	—	7.50
Magnésie…	0.33	—	—	—	—	—	—	5.00
Acide sulfurique…	0.48	0.30	0.40	—	0.20	0.36	0.30	—
Acide phosphorique…	0.18	0.40	0.50	0.60	1.80	1.64	1.70	0.60
Perte par calcination…	5.33	18.66	20.50	13.00	11.66	6.33	5.00	14.00
Total…	99.65	99.92	99.93	99.60	99.66	99.99	100.00	99.70

Nom de la personne qui fait l'envoi : (1) M. Weywada. — (2, 3, 4) M. Rioult. — (5, 6, 7) M. Camus. — (8) M. Javal.

Date de l'analyse : (1) octobre 1869. — (2, 3, 4) septembre 1868. — (5 à 7) mai 1857. — (8) janvier 1857.

DÉPARTEMENT DE L'ARIÉGE.

NOMBRE DES ÉCHANTILLONS ANALYSÉS : **63**.

MINERAIS DE FER.

Nature : Hématite brune (1, 2, 5, 6). Fer oxydulé avec hématite (3, 4, 7).

Provenance : Arrondissement de Foix. — Canton et commune d'Ax.

Analyse :

	(1)	(2)	(3)	(4)	(5)	(6)	(7)
Silice. Alumine.	6.00	49.66	2.40	8.50	28.50	45.00	traces
Peroxyde de fer	77.30	37.08	87.60	82.00	55.70	42.10	94.50
Oxyde de manganèse	traces	2.24	—	—	traces	1.86	—
Chaux	—	—	4.50	4.50	—	—	2.00
Magnésie	—	—	—	—	—	—	—
Acide sulfurique	—	—	—	—	—	—	traces
Acide phosphorique	0.06	0.06	—	—	—	0.03	—
Perte par calcination	16.00	10.00	5 00	5 00	15.00	11.00	5.00
Total	99.36	99.04	99.50	100.00	99.20	99.99	100.50

Nom de la personne qui a fait l'envoi : (1 à 7) M. Mangin.

Date de l'analyse : (1 à 3) juin 1857. — (4 à 7) septembre 1857.

MINERAIS DE FER.

Nature : Hématite avec fer oxydé hydraté jaune.

Provenance : Arrondissement de Foix. — Canton et commune de Vic-Dessos.

Analyse :

	(8)	(9)	(10)	(11)	(12)	(13)	(14)
Silice	31.50	1.60	2.00	4.30	1.00	7.00	1.50
Alumine	—	—	—	1.30	0.50	—	0.50
Peroxyde de fer	59.00	63.00	73.30	70.80	85.00	79.00	85.00
Oxyde rouge de manganèse	—	24.60	18.00	13.60	6.80	—	—
Chaux	1.00	—	1.00	—	—	1.00	—
Magnésie	—	—	—	—	—	—	—
Acide sulfurique	—	—	—	—	—	—	—
Acide phosphorique	traces	traces	—	—	traces	—	—
Perte par calcination	8.00	10.60	7.50	9.00	6.60	13.00	12.50
Total	99.50	99.80	98.80	99.00	99.90	100.00	99.50

Nom de la personne qui a fait l'envoi : M. de Cizancourt.

Date de l'analyse : novembre 1856.

MINERAIS DE FER.

Nature : Hématite brune avec fer oxydé hydraté jaune.

Provenance : Arrondissement de Foix. — Canton et commune de Vic-Dessos.

Analyse :

	(15)	(16)	(17)	(18)	(19)	(20)	(21)	(22)
Silice	1.50	1.00	1.00	6.60	6.00	9.00	1.60	6.00
Alumine	—	—	—	—	—	—	—	—
Peroxyde de fer	85.00	77.50	87.00	63.00	16.50	77.40	88.00	84 70
Oxyde rouge de manganèse	—	11.00	—	19.60	49.50	traces	—	—
Chaux	—	—	—	—	10.00	—	—	traces
Magnésie	—	—	—	—	—	—	—	—
Acide sulfurique	—	—	—	—	—	—	—	—
Acide phosphorique	traces	traces	traces	—	—	traces	—	traces
Perte par calcination	13.50	10.50	12.00	9.00	17.00	11.00	10.30	8.30
Total	100.00	100.00	100.00	99.90	99.00	99.70	99.90	99.80

Nom de la personne qui a fait l'envoi : (15 à 22) M. de Cizancourt.

Date de l'analyse : (15 à 22) novembre 1856.

MINERAIS DE FER.

Nature : Hématite brune avec fer oxydé hydraté jaune.

Provenance : Arrondissement de Foix. — Canton de Vic-Dessos. { Rancié (23, 24, 25, 26). Ascles (27). — Métairie (28). — Serres (29).

Analyse :

	(23)	(24)	(25)	(26)	(27)	(28)	(29)
Silice	11.40	2.50	1.00	2.33	41.60	15.60	6.00
Alumine	—	—	—	—	9.00	5.00	3.40
Peroxyde de fer	78.50	85.00	88.60	82.60	40.30	65.70	75.00
Oxyde rouge de manganèse	—	—	—	3.00	traces	traces	traces
Chaux	—	—		—	0.70	1.20	6.50
Magnésie	—	—	—	—	traces	0.30	0.40
Acide sulfurique	0.10	0.30	traces	0.60	traces	traces	—
Acide phosphorique	—	—	—	traces	0.10	0.08	traces
Perte par calcination	10.00	12.00	10.00	12.00	7.60	12.00	8.30
Total	100.00	99.80	99.60	99.99	99.80	99.88	99.60

Nom de la personne qui a fait l'envoi : (23, 24, 25) M. Abat. — (26) M. Vergerot. — (27, 28, 29) M. de la Bouillerie.

Date de l'analyse : (23 à 25) décembre 1857. — (26) mars 1869. — (27 à 29) janvier 1877.

MINERAIS DE FER.

Nature : Chamoisite (Silicate de fer magnétique).

Provenance : Arrondissement de Foix. — Canton de Tarascon-sur-Ariége, commune de Rabat.

Analyse :

	(30)	(31)	(32)	(33)	(34)	(35)	(36)
Silice	8.60	5.60	5.30	5.30	6.40	22.00	17.00
Alumine	5.60	2.30	3.30	3.60	2.60	16.00	11.00
Peroxyde de fer	63.22	87.60	68.10	68.80	85.30	50.80	50.40
Protoxyde de fer	4.00	—	18.60	18.00	1.60	2.00	2.60
Oxyde rouge de manganèse	—	—	traces	traces	—	—	—
Chaux	8.60	0.60	0.60	0.60	0.30	4.00	7.60
Magnésie	2.60	0.30	traces	0.30	traces	2.00	3.30
Acide sulfurique	—	traces	traces	—	—	—	traces
Acide phosphorique	0.10	0.04	0.07	0.09	traces	0.14	0.09
Perte par calcination	6.60	2.60	3.60	3.00	2.60	3.00	8.00
Cuivre	0.10	0.20	—	traces	0.15	—	—
Total	99.72	99.84	99.87	99.99	99.65	99.94	99.99

Nom de la personne qui a fait l'envoi : M. Guillemin-Tarayre.

Date de l'analyse : février 1875.

MINERAIS DE FER.

Nature : Hématite brune (38-42-43). Oligiste (37-39-40-41).

Provenance : Arrondissement de Foix. Canton et commune de la Bastide de Sérou (37 à 41). Canton de Tarascon, commune de Niglos. — Sanault (42). — Pierrefitte (43).

Analyse :

	(37)	(38)	(39)	(40)	(41)	(42)	(43)
Silice	13.66	11.33	20.40	22.33	20.60	5.30	20.00
Alumine						2.60	8.00
Peroxyde de fer	80.66	76.00	73.30	74.33	77.30	80.00	40.00
Oxyde rouge de manganèse	—	—	—	—	—	3.00	1.00
Chaux	1.00	1.66	—	0.50	traces	—	—
Magnésie	traces	traces	—	—	—	—	—
Acide sulfurique	—	—	0.30	0.50	0.10	traces	0.06
Acide phosphorique	0.30	0.20	0.30	traces	traces	0.05	0.06
Perte par calcination	4.33	10.33	5.60	2.25	1.60	9.00	10.30
Total	99.62	99 62	99.90	99.91	99.60	99.95	99.42

Nom de la personne qui a fait l'envoi : (37-38) M. Reytier. — (39-40) M. Durozey. — (41) M. de Belissen. — (42-43) M. de la Bouillerie.

Date de l'analyse : (37-38) novembre 1867. — (39-40) mai 1868. — (41) octobre 1869. — (42-43) décembre 1874.

MINERAIS DE FER.

Nature : { Hématite rouge (45 à 52). Hématite brune (46 à 51).

Provenance : Arrondissement de Foix. — Térac (44-45) ; la Veuve (46 à 48) ; Ancien minier (49 à 51) ; Ferrière (52).

Analyse :

	(44)	(45)	(46)	(47)	(48)	(49)	(50)	(51)	(52)
Silice	2.00	1.30	9.60 }	17.00	11.66	3.00	3.00	19.00	10.00
Alumine	0.30	0.30							
Peroxyde de fer	84.00	96.60	77.60	72.50	74.33	81.00	83.66	67.66	88.33
Oxyde rouge de manganèse	0.60	0.30	—	—	—	—	—	—	—
Chaux	0.60	—	traces	traces	3.00	traces	traces	traces	—
Magnésie	traces	—	—	—	0.36	—	—	—	—
Acide sulfurique	0.22	—	—	—	traces	0.20	0.10	0.30	0.10
Acide phosphorique	0.12	traces	0.15	0.10	traces	traces	—	—	—
Perte par calcination	12.00	1.00	12.60	10.00	10.33	15.30	12.33	13.00	1.33
Total	99.84	99.50	99.95	99.65	99.68	99.53	99.09	99.99	99.66

Nom de la personne qui a fait l'envoi : (44) M. Arnoult. — (45) M. Paullac. — (47 à 51) M. Palotte. — (52) M. Libaudière.

Date de l'analyse : (44-45) septembre 1873. — (47 à 51) décembre 1863. — (52) juin 1864.

MINERAIS DE FER.

Nature : { Oligiste (57). Fer carbonaté noir et en partie altéré (53 à 56, 58).

Provenance : Arrondissement de Saint-Girons. { Canton de Castillon : communes d'Engomer et de Sentein (57). Canton de Saint-Girons : Riverenert (53 à 56).

Analyse :

	(53)	(54)	(55)	(56)	(57)	(58)
Silice	13.00	10.00	11.50	12.00	10.40	12.00
Alumine		4.00	—	—	—	6.00
Peroxyde de fer	60.00	34.20	72.00	70.60	88.50	68.00
Oxyde rouge de manganèse	—	—	—	—	—	4.30
Chaux	2.00	6.00	traces	3.20	—	traces
Magnésie	5.00	3.00	1.00	0.80	—	traces
Acide sulfurique	0.70	0.72	0.30	—	0.60	—
Acide phosphorique	traces	traces	0.50	0.30	—	0.09
Perte par calcination	19.00	42.00	14.30	13.00	0.80	9.30
Total	99.70	99.92	99.60	99.90	99.70	99.69

Nom de la personne qui a fait l'envoi : (53) M. Palotte. — (54, 55) M. Borreau. — (56) M. Balagné. — (57) M. de Cassan. — (58) M. Barbé.
Date de l'analyse : (53) août 1863. — (54, 55) décembre 1876. — (56) décembre 1859. — (57) décembre 1860. — (58) août 1875.

MINERAIS DE FER.

Nature : Hématite brune en rognons.

Provenance : Arrondissement de Saint-Girons. — Canton de Saint-Girons. — Commune de Castelnau-Durban.

Analyse :

	(59)	(60)	(61)	(62)	(63)
Silice	1.00	16.00	5.00	8.00	5.30
Alumine		5.00	traces	3.60	1.50
Peroxyde de fer	78.00	40.00	88.60	43.00	89.00
Oxyde rouge de manganèse	—	—	1.30	—	—
Chaux	—	15.00	0.60	19.00	0.60
Magnésie	—	6.00	2.00	5.60	0.30
Acide sulfurique	1.66	0.30	—	0.30	traces
Acide phosphorique	—	—	0.09	traces	0.20
Perte par calcination	19.00	17.60	2.30	20.00	2.60
Total	99.66	99.90	99.89	99.50	99.50

Nom de la personne qui a fait l'envoi : (59) M. Bouteiller. — (60-61) M. Favret. — (62-63) M. Arnould.

Date de l'analyse : (59) décembre 1860. — (60-61) août 1875. — (62-63) juin 1876.

DÉPARTEMENT DE L'AUBE.

NOMBRE DES ÉCHANTILLONS ANALYSÉS : **8.**

MINERAIS DE FER.

Nature : Fer oxydé hydraté.

Provenance : Arrondissement de Troyes. { Canton et commune d'Aix-en-Othe (1-2). Mineroy (3-4). — Chevriot (5-6-7-8).

Analyse :

	(1)	(2)	(3)	(4)	(5)	(6)	(7)	(8)
Silice	8.50	17.01	25.00	12.00	30.00	20.66	29.00	38.66
Alumine	—	—	—					
Peroxyde de fer	81.30	72.60	56.00	75.00	49.00	64.66	57.33	48.66
Oxyde rouge de manganèse	—	—	—	—	—	—	—	—
Chaux	traces	traces	—	—	—	—	—	—
Magnésie	—	—	—	—	—	—	—	—
Acide sulfurique	0.80	—	traces	0.10	traces	—	—	—
Acide phosphorique	traces	traces	0.30	0 20	0.30	0.20	0.50	traces
Perte par calcination	9.30	10.00	20.60	12.50	20.60	13.66	13.00	12.66
Total.	99.90	99.60	99.90	99.80	99.90	99.18	99.83	99.98

Nom de la personne qui a fait l'envoi : (1) M. Lucas. — (2) M. Rondeau. — (3, 4) M. Lecomte. — (5 à 8) M. Chomton.
Date de l'analyse : (1) novembre 1857. — (2) octobre 1857. — (3, 4) mars 1857. — (5 à 8) février 1864.

DÉPARTEMENT DE L'AUDE.

NOMBRE DES ÉCHANTILLONS ANALYSÉS : **20**.

MINERAIS DE FER.

Nature : Fer carbonaté altéré avec hématite.

Provenance :
- Arrondissement de Carcassonne
  - Canton de la Grasse, commune de Talairan : Fourques (1), la Buchère (2).
  - — Mas Cabardès, communes de Salsignes (3) et de Villanière (4).
  - Canton et commune de Carcassonne (5).
- Arrondissement de Limoux. — Canton de Saint-Hilaire, commune de Saint-Andrieu-de-Villardebelle (6).

Analyse :

	(1)	(2)	(3)	(4)	(5)	(6)
Silice	10.00	20.00	2.60	4.00	8.00	4.00
Alumine	4.00	8.00	1.20	2.60	traces	traces
Peroxyde de fer	50.50	58.50	83.00	60.00	77.60	46.00
Oxyde rouge de manganèse	4.60	5.00	0.60	0.30	4.00	28.00
Chaux	2.00	traces	1.00	13.60	traces	4.00
Magnésie	2.40	0.20	traces	0.30	traces	2.60
Acide sulfurique	0.03	0.03	0.13	traces	—	—
Acide phosphorique	0.15	0.20	0.11	0.09	traces	0.04
Perte par calcination	25.30	8.00	11.00	19.00	10.00	15.00
Total	99.58	99.93	99.64	99.89	99.60	99.64

Nom de la personne qui a fait l'envoi : (1-2) M. Amyot. — (3-4) M. Bélier. — (5) M. Rousseau. — (6) M. Faure.

Date de l'analyse : (1-2) août 1873. — (3-4) décembre 1874. — (5) septembre 1864. — (6) janvier 1873.

MINERAIS DE FER.

Nature : Hématite brune (7 à 10). — Fer carbonaté (11).

Provenance : Arrondissement de Narbonne. — Canton de Durban
- Commune d'Albas : Roc d'Asquiès (7-8). — Montredon (9). — Roc-Fouriade (10).
- Commune de Castel-la-Caoune (11).

Analyse :

	(7)	(8)	(9)	(10)	(11)
Silice	16.00	9.00	7.00	7.00	10.00
Alumine	7.00	4.00	2.30	4.00	4.00
Peroxyde de fer	60.10	71.13	75.50	68.38	47.46
Oxyde rouge de manganèse	4.00	3.00	2.60	6.00	3.00
Chaux	0.60	traces	traces	0.30	3.50
Magnésie	0.30	0.30	0.40	0.30	2.80
Acide sulfurique	0.06	0.08	0.06	0.04	0.06
Acide phosphorique	0.25	0.25	0.30	0.25	0.12
Perte par calcination	11.00	12.00	11.60	13.30	29.00
Total	99.31	99.76	99.76	99.57	99.94

Nom de la personne qui a fait l'envoi : M. Amyot.

Date de l'analyse : août 1873.

MINERAIS DE FER.

Nature : Hématite brune.

Provenance : Arrondissement de Narbonne. { Canton et commune de Narbonne (12). Canton de Sigean. { Commune de Leucate (13 à 15). Commune de Treilles (16).

Analyse :

	(12)	(13)	(14)	(15)	(16)
Silice / Alumine	10.00	0.33	42.33	0.33	1.23
Peroxyde de fer	79.00	87.00	54.33	86.00	89.00
Oxyde rouge de manganèse	—	—	—	—	—
Chaux	—	traces	traces	traces	traces
Magnésie	—	—	—	—	—
Acide sulfurique	0.60	0.36	0.80	0.66	0.66
Acide phosphorique	0.30	0.10	0.30	0.10	0.10
Perte par calcination	10.00	12.00	2.00	12.60	9.00
Total	99.90	99.79	99.76	99.69	99.99

Nom de la personne qui a fait l'envoi : M. Delmeyda (12). — M. Petit-Gand (13 à 16).

Date de l'analyse : (13 à 16) mai 1861. — (12) février 1866.

MINERAIS DE FER.

Nature : Hématite brune.

Provenance : Arrondissement de Narbonne. — Canton de Sigean { Commune de Fitou (17-18). Commune de Portel (19). — La Ferronière (20).

Analyse :

	(17)	(18)	(19)	(20)
Silice	11.00	3.00	12.40	3.00
Alumine			7.00	traces
Peroxyde de fer	72.30	29.00	57.30	69.00
Oxyde rouge de manganèse	1.00	3.00	—	18.00
Chaux	1.00	33.00	5.00	3.00
Magnésie	traces	traces	1.20	traces
Acide sulfurique	0.80	0.30	0.15	—
Acide phosphorique	0.30	0.30	0.18	0.08
Perte par calcination	14.00	31.00	16.50	6.60
Total	99.80	99.90	99.73	99.68

Nom de la personne qui a fait l'envoi : (17-18) M. Vigarios. — (19) M. Bartissot. — (20) M. J. François.

Date de l'analyse : (17-18) août 1867. — (19) octobre 1876. — (20) août 1876.

DÉPARTEMENT DU CANTAL.

NOMBRE DES ÉCHANTILLONS ANALYSÉS : **2**.

MINERAIS DE FER.

Nature : Fer carbonaté en partie altéré.

Provenance : Arrondissement de Mauriac, canton de Saignes, commune de Bassignac.

Analyse :

	(1)	(2)
Silice / Alumine	10.70	17.00
Peroxyde de fer	58.10	50.60
Oxyde rouge de manganèse	traces	traces
Chaux	2.00	1.30
Magnésie	0.50	traces
Acide sulfurique	0.30	0.20
Acide phosphorique	—	0.15
Perte par calcination	28.30	20.50
Total	99.90	99.75

Nom de la personne qui a fait l'envoi : M. Durivault.

Date de l'analyse : juin 1875.

DÉPARTEMENT DE LA CHARENTE.

NOMBRE DES ÉCHANTILLONS ANALYSÉS : **5**.

MINERAIS DE FER.

Nature : Fer oxydé hydraté.

Provenance : Arrondissement d'Angoulême { Canton de Montbron, communes de Guillot-Feuillade (1) et de Souffrignac (2). Canton d'Hiersac, commune de Saint-Genis (3).
Arrondissement de Barbezieux, canton et commune de Montmoreau (4).
Arrondissement de Confolens, canton de Montembeuf, commune de Taponnat-des-Fayes (5).

Analyse :

	(1)	(2)	(3)	(4)	(5)
Silice / Alumine	17.00	22.55	10.30	36.60	11.50
Peroxyde de fer	71.25	66.00	77.00	52.40	75.10
Oxyde rouge de manganèse	—	—	—	—	—
Chaux	traces	traces	traces	0.80	traces
Magnésie	—	—	—	—	—
Acide sulfurique	0.21	0.20	0.10	0.18	0.10
Acide phosphorique	1.20	1.20	1.60	0.50	1.30
Perte par calcination	10.20	10.00	11.00	9.30	12.00
Total	99.86	99.95	100.00	99.78	100.00

Nom de la personne qui a fait l'envoi : Ministère de la marine.

Date de l'analyse : septembre 1858.

DÉPARTEMENT DU CHER.

NOMBRE DES ÉCHANTILLONS ANALYSÉS : **36**.

MINERAIS DE FER.

Nature : Minerai en grains.

Provenance : Arrondissement de Bourges { Canton et commune de Bourges (1, 2). Canton et commune de Saint-Martin d'Auxigny (3 à 8).

Analyse :

	(1)	(2)	(3)	(4)	(5)	(6)	(7)	(8)
Silice / Alumine	37.40	17.00	18.60	33.00 / 11.60	33.00	31.90	11.66	70.00
Peroxyde de fer	46.00	67.50	69.00	45 00	58.00	58.30	67.66	23.00
Oxyde rouge de manganèse	—	—	—	—	—	—	—	—
Chaux	2.50	—	traces	traces	traces	traces	—	—
Magnésie	—	—	—	—	—	—	—	—
Acide sulfurique	0.10	0.06	—	—	—	—	—	—
Acide phosphorique	traces	0.30	traces	traces	traces	traces	traces	—
Perte par calcination	14.00	14.50	12.00	10.30	9.00	9.50	15.20	7.00
Total	100.00	99.36	99.60	99.90	100.00	99.70	99.52	100.00

Nom de la personne qui a fait l'envoi : (1, 2) M. Schneider. — (3) M. Vallez. — (4 à 6) M. Paillette. — (7, 8) M. Bernard.

Date de l'analyse : (1, 2) août 1858. — (3, 7, 8) mars 1854. — (4 à 6) janvier 1857.

MINERAIS DE FER.

Nature : Minerai en grains avec argile jaune.

Provenance : Arrondissement de Bourges. { Canton et commune de Mehun-sur-Yèvre (9, 10). Canton de Graçay. — St-Ouen (11), Nohant (12), Genouilly (13), Breteuil (14, 15).

Analyse :

	(9)	(10)	(11)	(12)	(13)	(14)	(15)
Silice / Alumine	37.40	38.10	43.20	54.40	31.40	21.00	23.33
Peroxyde de fer	46.00	49.30	46.00	35.50	57.00	65.00	63.00
Oxyde rouge de manganèse	—	—	—	—	—	—	—
Chaux	2.50	—	—	—	—	—	—
Magnésie	—	—	—	—	—	—	—
Acide sulfurique	0.10	0.10	0.03	0.30	0 30	—	—
Acide phosphorique	traces	traces	traces	1.60	1.30	0.33	0.33
Perte par calcination	14.00	12.40	10.70	8.00	10.00	13.66	13.33
Total	100.00	99.90	99.93	99.80	100.00	99.99	99.99

Nom de la personne qui a fait l'envoi : (9, 10) M. Banderali. — (12, 13) M. Gossin. — (14, 15) M. Hulot.

Date de l'analyse : (9, 10) mars 1858. — (11) janvier 1858. — (12, 13) mars 1858. — (14, 15) juin 1858.

MINERAIS DE FER.

Nature : Minerai en grains.

Provenance : Arrondissement de Bourges. — Canton de Charost.
- Commune de Saint-Florent. Saint-Florent (16, 17). Bois de la Garenne (19, 20). Martinet (18).
- Commune de Lunery. — Chanteloup (21, 22).
- Commune de Puisieux. — Fours (23).

Analyse :

	(16)	(17)	(18)	(19)	(20)	(21)	(22)	(23)
Silice	23.60	19.30	30.00	11.60	11.40	22.50	20.00	32.00
Alumine				22.08	22.52			
Peroxyde de fer	57.30	64.60	54.60	50.87	50.86	60.00	65.00	56.00
Oxyde rouge de Manganèse	—	—	—	—	—	—	—	—
Chaux	—	traces	traces	traces	traces	2.00	traces	traces
Magnésie	—	traces	—	traces	traces	—	traces	traces
Acide phosphorique	0.30	0.20	0.30	0.05	0.08	0.40	0.20	0.20
Acide sulfurique	traces	0.10	traces	0.40	0.32	0.25	0.10	0.05
Perte par calcination	18.60	15.60	15.00	15.00	14.60	14.40	14.30	11.60
Total	99.80	99.80	99.90	100.00	99.78	99.55	99.60	99.65

Nom de la personne qui a fait l'envoi : (18) M. de Bourbon-Chalus. — (16, 17) M. Phillips — (21 à 23) M. Schneider. (19-20) M. Deshayes.

Date de l'analyse : (16-17) juin 1862. — (18) novembre 1863. — (19, 20) juillet 1865. — (21) août 1858. — (22, 23) avril 1873.

MINERAIS DE FER.

Nature : Minerai en grains.

Provenance : Arrondissement de Saint-Amand Mont-Rond.
- Canton de Saint-Amand, com. de Coudras (24) et de Colombier (25).
- Canton de Châteaumeillant. — Saint-Christophe (26).
- Canton de Châteauneuf, commune de Chambon L'Espinasse (27). Mazenet (28).

Analyse :

	(24)	(25)	(26)	(27)	(28)
Silice. Alumine	24.30	23.00	46.00	34.50	18.60
Peroxyde de fer	60.30	55.60	42.50	49.50	42.50
Oxyde rouge de manganèse	—	—	—	—	—
Chaux	—	3.90	—	—	16.00
Magnésie	—	traces	—	—	—
Acide sulfurique	0.30	traces	traces	traces	0.30
Acide phosphorique	0.10	traces	0.30	0.40	0.70
Perte par calcination	14.60	16.60	11.00	15.50	21.50
Total	99.60	99.10	99.80	99.90	99.60

Nom de la personne qui a fait l'envoi : (24-25) M. Phillips. — (26) M. Bonne. — (27) M. Banderali. — (28) M. Schneider.

Date de l'analyse : (24-25) mars 1858. — (26) novembre 1863. — (27) juillet 1866. — (28) août 1858.

MINERAIS DE FER.

Nature : Minerai en grains.

Provenance : Arrondissement de Saint-Amand Mont-Rond. { Canton de Châtillon, Court (29), Saule (30). Canton et commune de Dun-le-Roi (31). Canton de la Guerche-sur-l'Aubois, comm. de Cuffy-le-Guétin (32, 33).

Analyse :

	(29)	(30)	(31)	(32)	(33)
Silice. Alumine.	34.50	12.00	25.00	9.00	10.60
Peroxyde de fer	50.00	60 00	57.00	30.30	24.30
Oxyde rouge de manganèse	—	—	—	—	—
Chaux	2.00	8.60	3.80	30.50	25.60
Magnésie	—	—	—	—	—
Acide sulfurique	traces	0.30	0.06	—	—
Acide phosphorique	traces	0.40	traces	traces	0.30
Perte par calcination	13.50	18.30	13.50	30.00	28.60
Total	100	99.50	99.36	99.80	99.40

Nom de la personne qui a fait l'envoi : (29-30) M. Phillips. — (31) M. Bonne. — (32-33) M. Banderali.

Date de l'analyse : (29-30) mars 1858. — (31) novembre 1863. — (32-33) juillet 1865.

MINERAIS DE FER.

Nature : Minerai en grains.

Provenance : Arrondissement de Sancerre { Canton et commune de Sancergues (34).- Gardefort (35). Canton et commune de Vailly. — Jars (36).

Analyse :

	(34)	(35)	(36)
Silice. Alumine.	65.90	50.20	22.30
Peroxyde de fer	33.20	29.30	61.60
Oxyde rouge de manganèse	—	—	—
Chaux	—	—	1.40
Magnésie	—	—	—
Acide sulfurique	0.10	0.10	0.16
Acide phosphorique	traces	traces	1.20
Perte par calcination	10.00	10.20	12.80
Total	99.20	99.90	99.56

Nom de la personne qui a fait l'envoi : (34) M. Deshayes. — (35) M. Banderali. — (36) Ministère de la marine.

Date de l'analyse : (34,35) mars 1858. — (36) septembre 1858.

DÉPARTEMENT DE LA CORRÈZE.

NOMBRE DES ÉCHANTILLONS ANALYSÉS : 6.

MINERAIS DE FER.

Nature : Fer oxydé hydraté.

Provenance : Arrondissement de Brives. { Canton de Brives : Brives (1, 2, 3), Nespouls (4), Nadailhac (5). Canton et commune de Larche (6).

Analyse :

	(1)	(2)	(3)	(4)	(5)	(6)
Silice.................... } Alumine.................. }	28.50	17.30	3.00	16.00	{ 30.00 3.00	4.00 0.17
Peroxyde de fer	60.33	72.30	85.60	69.60	55.66	82.66
Oxyde rouge de manganèse...	—	—	—	—	traces	traces
Chaux..................	traces	—	—	0.80	—	traces
Magnésie..................	—	—	—	0.09	—	traces
Acide sulfurique.............	traces	0.20	0.20	0.80	—	0.22
Acide phosphorique..........	0.16	traces	traces	—	traces	0.16
Perte par calcination..........	11.00	10.00	11.00	12.60	10.66	12.33
Total......	99.99	99.80	99.80	99.89	99.32	99.54

Nom de la personne qui a fait l'envoi : (1) M. Vidalin. — (2, 3) M. de Pontourny. — (4) Ministère de la Marine.

Date de l'analyse : (1) juillet 1860. — (2, 3) avril 1865. — (4) juin 1863. — (5, 6) décembre 1871.

DÉPARTEMENT DE LA CORSE.

NOMBRE DES ÉCHANTILLONS ANALYSÉS : **11**.

MINERAIS DE FER.

Nature : Fer oxydulé magnétique et oligiste.

Provenance : Arrondissement d'Ajaccio. { Canton de Piana. — Commune de Cargèse (1 à 4). Canton de Zicava. — Commune de Guitera (5).

Analyse :

	(1)	(2)	(3)	(4)	(5)
Silice	11.00	11.00	8.50	10.00	18.30
Alumine					11.60
Peroxyde de fer	92.05	91.75	88.00	81.00	67.30
Oxyde rouge de manganèse	—	—	—	3.00	—
Chaux	—	—	—	2.80	1.00
Magnésie	—	—	—	—	0.30
Acide sulfurique	—	—	—	—	—
Acide phosphorique	traces	—	—	—	0.19
Perte par calcination	0.30	—	3.50	3.00	1.00
Total	103.35	102.75	100.00	99.80	99.69

Nom de la personne qui a fait l'envoi : (1 à 3) M. Ceccaldi. — (4) M. Élie de Beaumont. — (5) M. Canetto.

Date de l'analyse : — (1, 2) juin 1857. — (3) juillet 1857. — (4) juin 1861. — (5) septembre 1873.

MINERAIS DE FER.

Nature : Fer oligiste et fer oxydulé magnétique.

Provenance : Arrondissement de Bastia. { Canton de Bastia (6 à 9). Canton de Lama. — Commune d'Urtaca (10, 11).

Analyse :

	(6)	(7)	(8)	(9)	(10)	(11)
Silice / Alumine	4.00	22.00	30.00	0.50	9.00	2.30
Peroxyde de fer	96.00	76.00	68.00	98.50	90.10	96.60
Oxyde rouge de manganèse	—	—	—	—	—	—
Chaux	traces	—	—	—	—	—
Magnésie	—	—	—	—	—	—
Acide sulfurique	traces	0.30	—	0.30	0.66	0.10
Acide phosphorique	traces	traces	0.66	—	0.10	traces
Perte par calcination	—	1 00	1.33	—	—	0.90
Total	100.00	99.30	99.99	99.30	99.96	99.90

Nom de la personne qui a fait l'envoi : (6, 7) M. Grimaldi. — (8) M. Maury. — (9) M. Luchesini. — (10, 11) M. de Fajac.

Date de l'analyse : (6, 7) juillet 1857. — (8) octobre 1857. — (9) décembre 1857. — (10, 11) mai 1868.

DÉPARTEMENT DE LA COTE-D'OR.

NOMBRE DES ÉCHANTILLONS ANALYSÉS : **3**.

MINERAIS DE FER.

Nature : Minerai oolithique.

Provenance :
- Arrondissement de Beaune. — Canton et commune de Nolay (1).
- Arrondissement de Dijon. — Canton d'Is-sur-Tille, commune de Crécy-sur-Tille (2).
- Arrondissement de Semur. — Canton de Semur, commune de Forléans. — Sillard-Montbertaut (3).

Analyse :

	(1)	(2)	(3)
Silice…… Alumine……	4.00	30.30	7.00
Peroxyde de fer……	26.00	51.30	42.80
Oxyde rouge de manganèse….	—	—	—
Chaux……	34.60	3.60	23.00
Magnésie……	—	—	—
Acide sulfurique……	—	—	—
Acide phosphorique……	0.30	1.33	0.40
Perte par calcination……	35.00	13.30	26.20
Total……	99.90	99.83	99.40

Nom de la personne qui a fait l'envoi : (1) M. Lemire. — (2) M. de Bretonnière. — (3) M. de Sénarmont.

Date de l'analyse : (2) août 1860. — (3) juillet 1861. — (1) juillet 1857

DÉPARTEMENT DES COTES-DU-NORD.

NOMBRE DES ÉCHANTILLONS ANALYSÉS : **5.**

MINERAIS DE FER.

Nature : Fer oxydé hydraté.

Provenance :
Arrondissement de Saint-Brieuc. — Canton de Plœuc, commune de l'Hermitage (1).
Arrondissement de Dinan. — Canton et commune de Broons (2, 3).
Arrondissement de Loudéac. — Canton et commune de Loudéac (4, 5).

Analyse :

	(1)	(2)	(3)	(4)	(5)
Silice	12.00	1.40	3.50	17.00	11.00
Alumine		5.20	2.40		
Peroxyde de fer	71.50	45.20	81 80	62.33	66.66
Oxyde rouge de manganèse	—	—	—	—	—
Chaux	2.00	0.70	0.60	—	—
Magnésie	—	0.15	traces	—	—
Acide sulfurique	0.50	—	0.08	0.66	0.20
Acide phosphorique	0.60	0.05	0.12	0.80	0.10
Perte par calcination	13.00	7.00	11.50	19.00	12.00
Total	99.60	99.70	100.00	99.79	99.96

Nom de la personne qui a fait l'envoi : (1) M. Moreau de Vieillet. — (2, 3) M. Paillard-Ducleré. — (4) M. de Chalus. — (5) M. Ferré.

Date de l'analyse : (1) décembre 1858. — (2 à 4) octobre 1876. — (5) août 1863.

DÉPARTEMENT DE LA CREUSE.

NOMBRE DES ÉCHANTILLONS ANALYSÉS : 2.

MINERAIS DE FER.

Nature : Fer oxydé hydraté.

Provenance : Arrondissement de Boussac.— Canton et commune de Boussac.

Analyse :

	(1)	(2)
Silice..................	12.60	7.60
Alumine	—	—
Peroxyde de fer..............	74.60	79.00
Oxyde rouge de manganèse....	—	—
Chaux.......................	2.60	1.00
Magnésie.........	—	—
Acide sulfurique........... ..	0.30	0.20
Acide phosphorique....... ...	0.20	0.20
Perte par calcination.........	9.30	11.80
Total......	99.60	99.80

Nom de la personne qui a fait l'envoi : M. de Pommereux.

Date de l'analyse : février 1857.

DÉPARTEMENT DE LA DORDOGNE.

NOMBRE DES ÉCHANTILLONS ANALYSÉS : 37.

MINERAIS DE FER.

Nature : Fer oxydé hydraté.

Provenance : Arrondissement de Bergerac.
- Canton de Bergerac, commune de Mouleydier (4).
- Canton de Cadouin, commune de Cabans (1, 2).
- Canton de Lalende, commune de Couzet-Saint-Front (3).
- Canton d'Eymet, commune de Sainte-Capraise-d'Eymet (5, 6).

Analyse :

	(1)	(2)	(3)	(4)	(5)	(6)
Silice / Alumine	16.60	29.20	25.00	7.00	7.66 / 2.00	29.00 / 1.66
Peroxyde de fer	70.30	59.60	65.50	81.00	77.33	57.33
Oxyde rouge de manganèse	—	—	—	—	traces	0.66
Chaux	—	—	traces	—	—	—
Magnésie	—	—	—	—	—	—
Acide sulfurique	1.00	traces	0.25	0.40	0.33	0.10
Acide phosphorique	0.30	0.20	—	traces	—	—
Perte par calcination	11.20	10.60	9.00	11.50	12.66	10.66
Total	99.40	99.60	99.75	99.90	99.98	99.41

Nom de la personne qui a fait l'envoi : (1, 2) M. Monthiers. — (3) M. Pochet. — (4) M. Guénon. — (5, 6) Ministère de la marine.

Date de l'analyse : (1, 2) avril 1863. — (3) décembre 1857. — (4) août 1863. — (5, 6) juin 1865.

MINERAIS DE FER.

Nature : Fer oxydé hydraté et hématite brune.

Provenance : Arrondissement de Nontron.
- Canton de Jumillac-le-Grand. — Jumillac (8), Vialette (7).
- Canton de Thiviers. — Thiviers (9 à 11), Corgnac-Laroche (12).

Analyse :

	(7)	(8)	(9)	(10)	(11)	(12)
Silice / Alumine	30.50	7.66	34.03	13.00	27.66	5.30 / 3.00
Peroxyde de fer	30.00	76.00	55.30	75.00	56.66	73.00
Oxyde rouge de manganèse	27.00	—	—	—	—	4.80
Chaux	—	—	1.33	—	—	0.60
Magnésie	—	—	—	—	—	traces
Acide sulfurique	2.50	0.40	—	—	—	0.05
Acide phosphorique	—	0.25	traces	—	traces	0.07
Perte par calcination	10.00	15.35	9.00	11.66	15.33	13.00
Total	100.00	99.66	99.66	99.66	99.65	99.82

Nom de la personne qui a fait l'envoi : (7, 8) M. Chauvel. — (9) M. Farcot. — (10, 11) M. Phillips. — (12) M. Bouillon.

Date de l'analyse : (7, 8) février 1864. — (9) mars 1864. — (10, 11) juillet 1874. — (12) mars 1874.

MINERAIS DE FER.

Nature : Fer oxydé hydraté.

Provenance : Arrondissement de Périgueux. — Canton d'Exideuil. { Commune d'Exideuil (13 à 18). Commune de Saint-Martial-d'Albarède (19). Commune de Saint-Raphaël (20).

Analyse :

	(13)	(14)	(15)	(16)	(17)	(18)	(19)	(20)
Silice	1.66	23.00	8.66	7.00	20.00	5.60	5.60	3.00
Alumine	3.00	3.33	5.33	2.66	3.00	3.00	3.20	—
Peroxyde de fer	80.30	63.00	71.66	76.66	65.00	80.60	78.30	83.30
Oxyde rouge de manganèse	—	1.00	0.60	—	—	0.60	0.30	1.00
Chaux	—	—	—	—	—	—	—	0.30
Magnésie	—	—	—	—	—	—	—	—
Acide sulfurique	—	—	—	—	—	0.10	—	—
Acide phosphorique	traces	traces	—	0.33	0.66	traces	0.12	0.08
Perte par calcination	14.60	9.33	13.33	13.00	11.00	10.00	12.30	12.00
Total	99.56	99.66	99.58	99.65	99.66	99.90	99.92	99.68

Nom de la personne qui a fait l'envoi : (13 à 17) Ministère de la marine. — (18) M. Couvrat. — (19) M. Gerler. — (20) M. Beau-Verdeney.

Date de l'analyse : (13 à 17) juin 1865. — (18) juin 1874. — (19) avril 1876. — (20) décembre 1874.

MINERAIS DE FER.

Nature : Fer oxydé hydraté.

Provenance : Arrondissement de Périgueux. { Canton de Savignac-les-Églises. — Savignac (21), Négrondes (22), Mayac (23). Canton d'Hautefort. — Germinie (24), Faye (25).

Analyse :

	(21)	(22)	(23)	(24)	(25)
Silice	25.00 (Silice et Alumine)	48.00	20.00	6.66	29.66
Alumine		2.00	7.30	2.00	3.66
Peroxyde de fer	62.50	41.00	56.37	76.66	54.00
Oxyde rouge de manganèse	—	traces	traces	1.00	traces
Chaux	traces	—	0.60	—	—
Magnésie	—	—	traces	—	—
Acide sulfurique	0.30	—	0.05	—	—
Acide phosphorique	—	0.20	0.30	0.20	0.20
Perte par calcination	12.00	8.33	15.30	13.00	12.33
Total	99.80	99.53	99.92	99.52	99.85

Nom de la personne qui a fait l'envoi : (21) M. Pochat. — (22, 23) Ministère de la marine. — (24, 25) M. Pautard.

Date de l'analyse : (21) décembre 1857. — (22, 23) juin 1865. — (24, 25) février 1875.

MINERAIS DE FER.

Nature : Hématites brune et rouge.

Provenance : Arrondissement de Sarlat. — Canton et commune de Villefranche-de-Belvès.

Analyse :

	(26)	(27)	(28)	(29)	(30)	(31)
Silice	5.00	6.60	6.00	4.60	7.60	13.30
Alumine	2.60	2.60	2.00	1.60	2.00	1.80
Peroxyde de fer	80.00	80.00	80.60	88.00	76.70	70.35
Oxyde rouge de manganèse	0.30	0.20	0.30	0.50	traces	0.20
Chaux	traces	traces	traces	—	1.30	1.00
Magnésie	—	—	—	—	0.15	0.15
Acide sulfurique	—	—	—	—	traces	traces
Acide phosphorique	0.11	0.12	0.12	0.05	0.12	0.16
Perte par calcination	11.60	10.30	10.60	5.00	12.00	13.00
Total	99.61	99.82	99.62	99.75	99.85	99.96

Nom de la personne qui a fait l'envoi : M. Dussacq.

Date de l'analyse : (26 à 29) juillet 1874. — (30, 31) décembre 1874.

MINERAIS DE FER.

Nature : Hématites brune et rouge.

Provenance : Arrondissement de Sarlat. { Canton de Saint-Cyprien. — Commune de Tayac. — Les Eyzies (37). Canton de Villefranche-de-Belvès. { Commune de Villefranche-de-Belvès (32 à 35). Commune de Mazeyrolle. — Le Got (36).

Analyse :

	(32)	(33)	(34)	(35)	(36)	(37)
Silice	12.20	13.00	5.30	5.00	7.50	20.66
Alumine	2.00	2.60	1.00	0.60	2.30	2.00
Peroxyde de fer	74.10	77.90	82.00	84.00	84.00	65.00
Oxyde rouge de manganèse	traces	traces	traces	traces	0.15	1.33
Chaux	0.60	0.80	1.00	—	—	—
Magnésie	0.20	0.15	0.12	—	—	—
Acide sulfurique	traces	traces	traces	traces	traces	—
Acide phosphorique	0.18	0.14	0.18	0.20	traces	0.33
Perte par calcination	10.60	5.30	10.30	10.10	6.00	10.66
Total	99.88	99.89	99.90	99.90	99.95	99.98

Nom de la personne qui a fait l'envoi : (32 à 35) M. Dussacq. — (36) M. Ripert-Siffrein. — (37) Ministère de la marine.

Date de l'analyse : (32 à 35) décembre 1874 — (36) juillet 1874. — (37) juin 1865.

DÉPARTEMENT DU DOUBS.

NOMBRE DES ÉCHANTILLONS ANALYSÉS : **22.**

MINERAIS DE FER.

Nature : Fer carbonaté (1 à 5). — Hématite rouge (6).

Provenance : Arrondissement de Baume-les-Dames. { Canton de Baume-les-Dames. — Commune de Voillans (1). Canton de Roullans. — Communes de Laissey (2 à 5) et d'Ougney (6).

Analyse :

	(1)	(2)	(3)	(4)	(5)	(6)
Silice {	21.00	22.30	8.00	13.00	13.00	6.33
Alumine }				4.10	4.10	—
Peroxyde de fer	26.60	43.00	45.00	36.90	48.20	88.00
Oxyde rouge de manganèse	—	—	—	—	—	traces
Chaux	18.00	8.00	21.00	20.00	13.00	3.66
Magnésie	—	1.80	1.00	—	—	0.15
Acide sulfurique	1.00	0.50	0.30	0.30	0.40	0.20
Acide phosphorique	0 20	0.30	0.40	traces	traces	0.30
Perte par calcination	33.00	24.00	24.00	25.30	21.00	1.33
Total	99.80	99.90	99.70	99.60	99.60	99.97

Nom de la personne qui a fait l'envoi : (1 à 5) M. Frédéric Strohl. — (6) M. Schneider.

Date de l'analyse : (1) juin 1862. — (2, 3) février 1860. — (4, 5) février 1861. — (6) décembre 1863.

MINERAIS DE FER.

Nature : Minerai oolithique (7, 9). — Fer carbonaté (8).

Provenance : Arrondissement de Baume-les-Dames. — Canton de Rougemont, commune de Viéthorey. { Girot (7), Fallon (8), Laboureur (9).

Analyse :

	(7)	(8)	(9)
Silice { Alumine }	44.60	17.30	35.30
Peroxyde de fer	42.00	36.30	50.40
Oxyde de manganèse	—	—	—
Chaux	—	18.00	—
Magnésie	—	—	—
Acide sulfurique	1.10	0.10	0.60
Acide phosphorique	0.20	0.20	0.40
Perte par calcination	12.00	28.00	13.30
Total	99.90	99.90	100.00

Nom de la personne qui a fait l'envoi : M. F. Strohl.

Date de l'analyse : (7, 8) juin 1862. — (9) janvier 1868.

MINERAIS DE FER.

Nature : Minerai en grains.

Provenance : Arrondissement de Montbéliard.— Canton d'Audincourt.— Audincourt (10, 11), Méchottes (12), Échelottes (13, 14).

Analyse :

	(10)	(11)	(12)	(13)	(14)
Silice	13.00	23.30	23.30	18.60	39.00
Alumine	—	13.00	5.00	7.30	3.60
Peroxyde de fer	74.60	47.72	58.20	60.60	47.00
Oxyde rouge de manganèse	—	—	—	—	—
Chaux	—	0.66	—	—	—
Magnésie	—	0.33	—	—	—
Acide sulfurique	1.00	0.10	—	0.40	0.20
Acide phosphorique	0.10	0.66	traces	traces	traces
Perte par calcination	10.60	13.66	13.30	12.70	10.00
Total	99.30	99.43	99.80	99.60	99.80

Nom de la personne qui a fait l'envoi : M. F. Strohl.

Date de l'analyse : (10, 11) février 1861. — (12 à 14) octobre 1872.

MINERAIS DE FER.

Nature : Minerai en grains.

Provenance : Arrondissement de Montbéliard. — Canton d'Audincourt. — Commune de Béthoncourt : les Feuillées (15), Bois-Lacombe (16), Champ-Grillon (17), Rouchotte (18). — Commune de Nommay (19).

Analyse :

	(15)	(16)	(17)	(18)	(19)
Silice	20.00	35.00	27.00	32.00	26.60
Alumine	9.90	6.40	5.33	6.40	4.90
Peroxyde de fer	54.10	44.60	54.27	46.70	53.10
Oxyde rouge de manganèse	—	—	—	—	—
Chaux	3.30	traces	traces	traces	traces
Magnésie	—	—	—	—	—
Acide sulfurique	0.20	traces	traces	traces	0.20
Acide phosphorique	0.30	traces	traces	0.20	traces
Perte par calcination	12.00	14.00	13.30	14.60	14.60
Total	99.80	100.00	99.90	99.90	99.84

Nom de la personne qui a fait l'envoi : M. Frédéric Strohl.

Date de l'analyse : juillet 1861.

MINERAIS DE FER.

Nature : Minerai en grains.

Provenance : Arrondissement de Montbéliard { Canton de Maiche. — Commune de Charmolles (20) ; Chèvremont (21). Canton de Pont-de-Roide. — Commune de Dambelin (22).

Analyse :

	(20)	(21)	(22)
Silice	16.00	25.00	14.60
Alumine	6.10	6.70	2.60
Peroxyde de fer	65.20	52.60	11.60
Oxyde rouge de manganèse	—	—	—
Chaux	traces	—	32.70
Magnésie	—	—	—
Acide sulfurique	0.80	—	traces
Acide phosphorique	0.80	traces	0.40
Perte par calcination	11.00	15.60	37.30
Total	99.90	99.90	99.20

Nom de la personne qui a fait l'envoi : M. Frédéric Strohl.

Date de l'analyse : juillet 1860.

DÉPARTEMENT DE LA DROME.

NOMBRE DES ÉCHANTILLONS ANALYSÉS : 4.

MINERAIS DE FER.

Nature : Hématite brune (1). Hématites brune et rouge (2 à 4).

Provenance :
- Arrondissement de Die. — Canton et commune de Die (1).
- Arrondissement de Montélimart. — Clausaye (2).
- Arrondissement de Nyons. — Canton et commune de Nyons (3).
- Arrondissement de Valence. — Canton de Saint-Vallier, commune de Saint-Barthélemy-de-Vals (4).

Analyse :

	(1)	(2)	(3)	(4)
Silice, Alumine	15.60	56.60	45.66	43.66
Peroxyde de fer	65.00	36.40	44.03	48.33
Oxyde rouge de manganèse	—	—	0.66	—
Chaux	3.00	—	—	—
Magnésie	traces	—	—	—
Acide sulfurique	0.10	traces	—	—
Acide phosphorique	0.50	1.00	0.06	0.33
Perte par calcination	15.60	6.00	9.00	7.66
Total	99.80	100.00	99.41	99.98

Nom de la personne qui a fait l'envoi : (1) M. Clerc. — (2) M. Roux de Clausaye. — (3) M. Reynaud. — (4) M. Longin.

Date de l'analyse : (1) juillet 1857. — (2) mars 1859. — (3) décembre 1866. — (4) août 1872.

DÉPARTEMENT DE L'EURE.

NOMBRE DES ÉCHANTILLONS ANALYSÉS : **2**.

MINERAIS DE FER.

Nature : Hématites rouge et brune.

Provenance : Arrondissement de Bernay. — Canton de Brionne, commune de Morsan.

Analyse :

	(1)	(2)
Silice	29.00	11.00
Alumine	—	—
Peroxyde de fer	78.00	81.00
Oxyde rouge de manganèse	—	—
Chaux	—	—
Magnésie	—	—
Acide sulfurique	0.40	traces
Acide phosphorique	0.10	0.20
Perte par calcination	2.50	7.50
Total	100.00	99.70

Nom de la personne qui a fait l'envoi . M. de Morsan.

Date de l'analyse : juillet 1861.

DÉPARTEMENT DU FINISTÈRE.

NOMBRE DES ÉCHANTILLONS ANALYSÉS : 19.

MINERAIS DE FER.

Nature : Hématite brune.

Provenance :
- Arrondissement de Brest... Canton et commune de Brest. — Bords de l'Aulne (1). Canton de Lesneven. — Commune de Folgoët (2).
- Arrondissement de Morlaix. Canton de Lanmeur. — Commune de Plougasnou : Térénès (3), Rance (4). Canton de Plouescat. — Commune de Penarprat (5).

Analyse :

	(1)	(2)	(3)	(4)	(5)
Silice	11.60	6.60	10.00	19.60	7.00
Alumine	4.60	3.60	5.00	2.00	3.30
Peroxyde de fer	64.60	74.60	72.62	65.55	77.60
Oxyde rouge de manganèse	5.00	—	0.60	—	traces
Chaux	traces	0.40	—	—	—
Magnésie	traces	—	—	—	—
Acide sulfurique	0.20	0.07	—	—	0.14
Acide phosphorique	0.12	0.85	0.20	1.15	0.20
Perte par calcination	13.60	13.60	11.50	11.30	11.60
Total	99.72	99.72	99.92	99.60	99.84

Nom de la personne qui a fait l'envoi : (1) M. Richy. — (2 à 4) M. Frontault. — (5) M. Gruner.

Date de l'analyse : (1) août 1875. — (2 à 4) février 1873. — (5) octobre 1873.

MINERAIS DE FER.

Nature : Hématite brune.

Provenance : Arrondissement de Châteaulin. — Canton de Faou. — Commune de Rosnoen : Manoir (6), Kerfane (7), Goulenet (8), Trigervou (9), Kergoustan (10, 11), Parstivet (12).

Analyse :

	(6)	(7)	(8)	(9)	(10)	(11)	(12)
Silice	20.00	36.00	7.60	8.00	14.30	7.00	2.60
Alumine	11.00	6.30	3.00	3.00	5.00	4.00	0.60
Peroxyde de fer	58.00	48.96	70.80	73.62	64.55	76.74	83.62
Oxyde rouge de manganèse	—	—	—	1.00	1.00	—	traces
Chaux	—	—	—	—	0.60	0.10	—
Magnésie	traces	traces	traces	—	—	traces	—
Acide sulfurique	0.20	0.10	0.10	—	—	0.04	traces
Acide phosphorique	0.75	0.58	0.20	0.92	0.90	0.60	0.75
Perte par calcination	10.00	8.00	18.00	13.30	13.60	11.00	12.30
Total	99.95	99.94	99.70	99.84	99.95	99.48	99.87

Nom de la personne qui a fait l'envoi : M. Frontault, ingénieur.

Date de l'analyse : (6, 7, 9) octobre 1873. — (8, 10, 11, 12) décembre 1873.

MINERAIS DE FER.

Nature : Hématite brune.

Provenance : Arrondissement de Châteaulin. { Canton de Faou. — Commune de Rosnoen : Pierrelongue (13, 14), Kerleron (15). Parstivet (16, 17). Canton de Crozon. — Commune de Landevennec : Hane (18), Crozon (19).

Analyse :

	(13)	(14)	(15)	(16)	(17)	(18)	(19)
Silice	18.00	10.30	18.00	5 60	20.00	5.60	9.60
Alumine	8.30	5.30	7.00	2.60	5.00	1.60	4.40
Peroxyde de fer	62.72	72.60	62.85	72.00	60.92	79.00	73.90
Oxyde rouge de manganèse	traces	traces	traces	1.00	—	—	—
Chaux	—	—	—	2.00	0.30	0.25	—
Magnésie	—	—	—	—	—	—	—
Acide sulfurique	0.04	0.03	0.03	—	—	—	0 40
Acide phosphorique	0.64	0.77	0.32	0.50	1.50	0.60	0.30
Perte par calcination	10.00	10.60	11.60	15.00	12.00	12.60	11.20
Total	99.70	99.60	99.80	99.70	99.72	99.65	99.80

Nom de la personne qui a fait l'envoi : (13 à 17) M. Frontault. — (18, 19) M. Grüner.

Date de l'analyse : (13, 14) décembre 1873. — (15 à 17) février 1873. — (18, 19) octobre 1872.

DÉPARTEMENT DU GARD.

NOMBRE DES ÉCHANTILLONS ANALYSÉS : **15.**

MINERAIS DE FER.

Nature : Fer oxydé hydraté (1, 3 à 7). — Oligiste (2).

Provenance : Arrondissement de Nîmes. — Canton et commune de Sommières (1).
Arrondissement d'Uzès. Canton d'Uzès. — Commune de la Capelle-Monticaut (2 à 5).
Canton de Remoulins. — Commune de Pouzilhac (6, 7).

Analyse :

	(1)	(2)	(3)	(4)	(5)	(6)	(7)
Silice	5.49	36.60	38.60	26.60	35.60	22.00	13.00
Alumine		4.60	9.00	5.00	7.00	13.00	6.30
Peroxyde de fer	76.84	46.60	32.00	52.60	53.00	53.60	70.30
Oxyde rouge de manganèse	—	—	—	—	—	—	—
Chaux	2.66	9.30	2.30	4.60	0.60	5.00	1.00
Magnésie	—	1.50	0.30	0.20	traces	traces	traces
Acide sulfurique	0.20	0.40	—	—	—	—	—
Acide phosphorique	traces	0.60	0.20	0.30	0.40	0.12	0.20
Perte par calcination	14.66	—	17.30	10.60	13.30	6.00	9.00
Total	99.85	99.60	99.70	99.90	99.90	99.72	99.80

Nom de la personne qui a fait l'envoi : (1) M. Combes. — (2 à 7) M. J. Broche.

Date de l'analyse : (1) décembre 1863. — (2 à 7) juin 1877.

MINERAIS DE FER.

Nature : Fer oxydé hydraté (8 à 11) et fer carbonaté (12 à 15).

Provenance : Arrondissement du Vigan. Canton du Vigan (9).
Canton de Sumène. Commune de Saint-Laurent-le-Minier (10), les Deux-Jumeaux (11).
Canton de St-Hippolyte-le-Fort; la Cadière (8), Comberedonde (14,15), Palmesalade (12,13).

Analyse :

	(8)	(9)	(10)	(11)	(12)	(13)	(14)	(15)
Silice	7.80	10.00	2.00	4.00	8.00	15.60	7.00	14.00
Alumine	3.50							
Peroxyde de fer	72.43	75.50	86.00	84.00	63.00	65.30	58.00	53.50
Oxyde rouge de manganèse	—	—	—	—	—	—	—	—
Chaux	0.33	—	—	—	—	traces	traces	traces
Magnésie	traces	—	—	—	—	—	2.20	5.60
Acide sulfurique	0.17	traces	1.00	—	0.10	0.20	0.50	0.30
Acide phosphorique	0.05	0.30	0.66	traces	—	traces	0.50	0.60
Perte par calcination	13.66	13.50	10.00	11.50	28.90	18.60	31.50	25.60
Oxyde de zinc	1.70	—	—	—	—	—	—	—
Total	99.64	99.30	99.66	100.00	100.00	99.70	99.70	99.60

Nom de la personne qui a fait l'envoi : (8) M. de Billy. — (12 à 15) M. Crespon. — (9) M. Figuier. — (10, 11) M. Garnier.

Date de l'analyse : (8) mars 1858. — (12 à 15) mars 1858. — (9) juin 1858. — (10, 11) mars 1864.

DÉPARTEMENT DE LA HAUTE-GARONNE.

NOMBRE DES ÉCHANTILLONS ANALYSÉS : 4.

MINERAIS DE FER.

Nature : Fer oligiste (1, 2). — Hématite brune avec fer carbonaté (3, 4).

Provenance : Arrondissement de Saint-Gaudens. — Environs de Bagnères-de-Luchon (1, 2, 3) ; Aspat (4).

Analyse :

	(1)	(2)	(3)	(4)
Silice	3.60	2.50	1.60	1.00
Alumine	—	—	—	—
Peroxyde de fer	94.60	96.60	78.00	63.40
Oxyde rouge de manganèse	—	—	—	—
Chaux	—	—	2.40	11.60
Magnésie	—	—	traces	traces
Acide sulfurique	—	traces	0.44	—
Acide phosphorique	0.06	0.09	traces	traces
Perte par calcination	1.60	0.60	16.00	24.00
Oxyde de zinc	—	—	1.40	—
Total	99.86	99.79	99.84	100.00

Nom de la personne qui a fait l'envoi : (1, 2, 3) M. Dormoy. — (4) M. Austruy.

Date de l'analyse : (1, 2, 3) décembre 1876. — (4) février 1877.

DÉPARTEMENT DE L'HÉRAULT.

NOMBRE DES ÉCHANTILLONS ANALYSÉS : **48**.

MINERAIS DE FER.

Nature : Hématite brune (1, 3). — Oligiste (2).

Provenance : Arrondissement de Montpellier. { Canton et commune de Frontignan (1). Canton et commune de Ganges (2, 3)

Analyse :

	(1)	(2)	(3)
Silice..................... / Alumine..................	2.40	7.66	2.00
Peroxyde de fer.............	76.80	86.33	80.00
Oxyde rouge de manganèse....	—	—	—
Chaux	5.43	4.33	3.30
Magnésie....................	—	—	—
Acide sulfurique.............	0.33	0.20	0.10
Acide phosphorique...........	traces	0.30	0.30
Perte par calcination..........	15.00	1.00	14.00
Total......	99.96	99.82	99.70

Nom de la personne qui a fait l'envoi : (1) M. Munier. — (2) M. Flory. — (3) M. Benoist.

Date de l'analyse : (1) septembre 1865. — (2) novembre 1867. — (3) décembre 1868.

MINERAIS DE FER.

Nature : Hématite brune et oligiste.

Provenance : Arrondissement de Béziers. { Canton de Bédarieux. — Commune de Camplong (4 à 6). Canton de Saint-Gervais. — Commune de Castanet-le-Haut (7, 8, 9), Bigot (10, 11).

Analyse :

	(4)	(5)	(6)	(7)	(8)	(9)	(10)	(11)
Silice	14.20	18.00	46.60	23.00	10.00	5.60	5.30	60.00
Alumine......................	—	—	—	4.60	5.00	1.00	2.60	9.00
Peroxyde de fer..............	74.30	72.00	45.00	70.00	76.60	92.60	78.30	25.00
Oxyde rouge de manganèse ...	traces	traces	traces	—	—	—	—	—
Chaux	—	—	—	—	—	—	—	—
Magnésie	—	—	—	—	—	—	—	—
Acide sulfurique..............	0.20	0.50	0.50	—	—	—	0.03	—
Acide phosphorique	0.60	0.50	0.50	—	0.06	—	0.12	—
Perte par calcination.........	10.00	8.50	7.00	2.00	8.00	—	13.00	5.00
Total......	99.30	99.50	99.60	99.60	99.66	99.20	99.35	99.00

Nom de la personne qui a fait l'envoi : (4 à 6) M. Lemoinne. — (7 à 11) M. de Bonne.

Date de l'analyse : (4 à 6) août 1859. — (7 à 11) août 1874.

MINERAIS DE FER.

Nature : Hématite brune.

Provenance : Arrondissement de Lodève. — Canton de Lunas : Valette (12), Saint-Martin-d'Orb (13), Cotz (14, 15), Sagues (16), Mas-de-Rieu (17), Roc-Percé (18, 19).

Analyse :

	(12)	(13)	(14)	(15)	(16)	(17)	(18)	(19)
Silice	5.00	8.60	5.00	7.60	23.00	16.00	30.60	13.00
Alumine	2.60	5.00	2.00	—	—	—	—	—
Peroxyde de fer	78.40	74.00	75.90	81.30	62.00	64.60	57.00	55.00
Oxyde rouge de manganèse	—	0.20	—	—	—	0.60	0.60	12.00
Chaux	0.60	0.10	1.30	—	—	—	0.20	6.00
Magnésie	0.30	traces	0.30	—	—	—	—	0.60
Acide sulfurique	0.30	traces	0.10	—	0.05	0.21	0.10	traces
Acide phosphorique	0.20	0.08	0.25	0.10	—	0.13	0.12	0.06
Perte par calcination	11.60	12.00	15.00	10.60	14.70	19.00	11.30	12.60
Total	99.00	99.98	99.85	99.60	99.75	99.94	99.92	99.26

Nom de la personne qui a fait l'envoi : M. J. de Bonne.

Date de l'analyse : (12 à 15) août 1874. — (16 à 19) août 1875.

MINERAIS DE FER.

Nature : Fer micacé (20). — Hématite brune (22 à 26). — Fer oxydé hydraté (21).

Provenance : Arrondissement de Saint-Pons. — Canton et commune de Saint-Pons.

Analyse :

	(20)	(21)	(22)	(23)	(24)	(25)	(26)
Silice	9.00	7.30	10.60	13.00	18.30	1.30	7.30
Alumine	—	—	—	—	—	—	—
Peroxyde de fer	89.60	72.00	76.30	74.00	69.00	80.60	78.00
Oxyde rouge de manganèse	—	—	—	—	—	3.60	—
Chaux	—	—	—	—	—	—	—
Magnésie	—	—	—	—	—	—	—
Acide sulfurique	—	0.60	1.30	1.00	—	—	—
Acide phosphorique	—	traces	traces	traces	0.09	0.07	traces
Perte par calcination	1.00	20.00	11.30	11.20	12.60	14.30	14.00
Total	99.60	99.90	99.50	99.20	99.99	99.87	99.30

Nom de la personne qui a fait l'envoi : M. J. de Bonne.

Date de l'analyse : (20, 25, 26) décembre 1860. — (21) avril 1863. — (22 à 24) septembre 1865.

MINERAIS DE FER.

Nature : Hématite brune (32 à 34). — Oligiste (30, 31). — Fer carbonaté et calcaire manganésifère (27 à 29).

Provenance : Arrondissement de Saint-Pons. — Canton de Saint-Pons. { Commune de Saint-Pons (30), Artenac (27 à 29). Commune de Riols (31 à 34).

Analyse :

	(27)	(28)	(29)	(30)	(31)	(32)	(33)	(34)
Silice	0.60	6.00	6.00	5.60	16.60	9.30	6.30	1.60
Alumine	—	1.50	3.00	—	—	—	—	—
Peroxyde de fer	9.60	4.00	40.60	90.60	78.00	75.60	79.60	82.60
Oxyde rouge de manganèse	17.60	3.00	6.00	—	—	—	—	0.60
Chaux	35.00	45.00	21.00	—	0.60	—	—	—
Magnésie	1.00	1.60	—	—	—	—	—	—
Acide sulfurique	—	—	—	0.08	—	—	—	—
Acide phosphorique	—	—	—	0.05	—	0.10	traces	traces
Perte par calcination	35.60	38.60	23.00	3.60	4.60	14.60	14.00	15.00
Total	99.40	99.70	99.60	99.93	99.80	99.60	99.90	99.80

Nom de la personne qui a fait l'envoi : M. de Bonne.

Date de l'analyse : (27 à 30) août 1874. — (31 à 34) août 1875. — (32, 33) janvier 1877.

MINERAIS DE FER.

Nature : Hématite brune (35, 37 et 41). — Oligiste (38 à 40).

Provenance : Arrondissement de Saint-Pons. — Canton d'Olonzac. — Communes d'Olonzac (35 à 40) et Condades (41).

Analyse :

	(35)	(36)	(37)	(38)	(39)	(40)	(41)
Silice	4.33	15.00	5.60	69.60	7.60	26.00	6.60
Alumine	—	—	1.60	—	—	2.00	—
Peroxyde de fer	80.00	71.66	75.30	29.60	91.60	71.30	79.60
Oxyde rouge de manganèse	—	—	—	—	—	—	—
Chaux	4.00	3.33	2.00	—	—	—	—
Magnésie	—	—	1.00	—	—	—	—
Acide sulfurique	—	—	—	—	—	—	—
Acide phosphorique	0.30	0.30	0.12	—	—	—	traces
Perte par calcination	11.00	9.33	14.00	—	0.60	0.60	13.60
Total	99.63	99.62	99.62	99.20	99.80	99.90	99.80

Nom de la personne qui a fait l'envoi : M. J. de Bonne.

Date de l'analyse : (35 à 39) août 1869. — (36) mars 1874. — (37, 38, 40, 41) janvier 1877.

MINERAIS DE FER.

Nature : Fer oxydulé (42, 45, 46). — Fer oligiste (43, 44, 47, 48).

Provenance : Arrondissement de Saint-Pons. { Canton d'Olonzac, commune de Cassagnoles. — Masnaguines (42, 43). Canton d'Olargues, commune de Saint-Étienne d'Albagnan (44, 45). Canton et commune de la Salvetat-d'Angles (47, 48).

Analyse :

	(42)	(43)	(44)	(45)	(46)	(47)	(48)
Silice	25.60	26.60	7.36	8.20	3.00	14.30	5.60
Alumine	6.00	10.00	—	—	—	—	—
Peroxyde de fer	70.00	62.00	70.00	77.00	82.60	71.60	79.60
Oxyde rouge de manganèse	—	—	—	—	—	—	—
Chaux	traces	0.20	—	0.30	0.50	—	—
Magnésie	0.20	0.10	—	—	—	—	—
Acide sulfurique	0.05	0.10	traces	0.20	0.66	—	—
Acide phosphorique	0.09	0.09	traces	0.30	0.20	traces	traces
Perte par calcination	—	0.30	12.00	14.00	13.70	13.60	14.60
Acide titanique	0.30	0.40	—	—	—	—	—
Total	101.64	99.79	99.36	100.00	100.00	99.50	99.80

Nom de la personne qui a fait l'envoi : (42, 43) M. Lebleu. — (44 à 48) M. de Bonne.

Date de l'analyse : (42, 43) mai 1875. — (44 à 48) août 1875.

DÉPARTEMENT D'ILLE-ET-VILAINE.

NOMBRE DES ÉCHANTILLONS ANALYSÉS : 38.

MINERAIS DE FER.

Nature : Hématite brune (1, 2, 4 à 7). — Fer carbonaté (3).

Provenance :
- Arrondissement de Montfort. — Canton et commune de Montauban (1, 2).
- Arrondissement de Rennes.
  - Canton de Rennes, commune de Saint-Erblon. — Pontpéan (3).
  - Canton de Liffré, commune de Liffré (4). — Bagaron (5).
  - Canton de Saint-Aubin-d'Aubigné, commune de Saint-Médard-sur-Ille (6, 7).

Analyse :

	(1)	(2)	(3)	(4)	(5)	(6)	(7)
Silice	10.00	24.00	15.00	11.60	9.00	33.00	19.60
Alumine	7.00	6.30	—	4.30	4.00	3.00	9.30
Peroxyde de fer	71.60	59.76	57.00	71.60	73.00	52.30	59.20
Oxyde rouge de manganèse	—	—	—	—	—	—	—
Chaux	0.30	0.60	—	1.00	—	0.60	—
Magnésie	traces	0.20	—	traces	—	traces	—
Acide sulfurique	0.03	—	0.20	0.17	—	0.07	—
Acide phosphorique	0.17	0.16	traces	0.57	0.61	0.95	0.20
Perte par calcination	10.60	8.60	27.33	10.30	13.00	9.30	11.30
Total	99.70	99.62	99.53	99.54	99.60	99.22	99.60

Nom de la personne qui a fait l'envoi : (1, 2) M. Formon. — (3) M. Despecher. — (4 à 7) M. Gaine.

Date de l'analyse : (1, 2) octobre 1874. — (3) février 1875. — (4 à 7) septembre 1873.

MINERAIS DE FER.

Nature : Hématite brune.

Provenance : Arrondissement de Redon. — Canton de Redon. — Communes de Redon (8, 9) et de Bains (10 à 15).

Analyse :

	(8)	(9)	(10)	(11)	(12)	(13)	(14)	(15)
Silice	16.00	22.00	8.60	16.00	14.30	16.60	18.50	16.00
Alumine			2.60	5.60	3.30	2.70		
Peroxyde de fer	71.30	63.30	68.00	65.20	68.30	67.30	70.00	69.00
Oxyde rouge de manganèse	—	0.90	1.30	—	—	—	—	—
Chaux	—	—	0.60	—	—	—	—	—
Magnésie	—	—	traces	—	—	—	—	—
Acide sulfurique	0.30	0.20	traces	traces	traces	—	1.00	0.50
Acide phosphorique	0.30	—	0.25	0.42	0.57	0.25	traces	0.50
Perte par calcination	12.00	13.30	18.00	11.30	12.00	11.60	10.00	14.00
Acide titanique	—	—	—	1.10	1.25	1.30	—	—
Total	99.90	99.70	99.35	99.62	99.72	99.75	99.50	100.00

Nom de la personne qui a fait l'envoi : (8, 9) M. Doré. — (10) M. Simon. — (11, 12) M. Bersihand. — (13) M. Despecher. — (14, 15) M. Rousselle.

Date de l'analyse : (8, 9, 14, 15) novembre 1866. — (10) août 1867. — (11, 12) avril 1876. — (13) janvier 1876.

MINERAIS DE FER.

Nature : Hématite brune et oligiste.

Provenance : Arrondissement de Redon. — Canton de Redon. — Commune de Renac.

Analyse :

	(16)	(17)	(18)	(19)	(20)	(21)	(22)	(23)
Silice / Alumine	8.33	61.66	20.00	13.00	13.00	5.60	1.40	10.60 / 4.60
Peroxyde de fer	80.00	30.41	71.33	73.00	75.00	83.00	87.00	66.50
Oxyde de manganèse	—	—	—	—	—	—	—	3.30
Chaux	—	—	—	—	—	—	—	0.60
Magnésie	—	—	—	—	—	—	—	traces
Acide sulfurique	3.33	3.00	1.20	2.00	1.00	1.00	0.66	traces
Acide phosphorique	0.06	0.20	traces	0.10	0.10	0.20	0.20	0.25
Perte par calcination	8.00	4.00	7.33	11.86	10.86	10.00	10.66	14.00
Total	99.72	99.27	99.86	99.96	99.96	99.80	99.92	99.85

Nom de la personne qui a fait l'envoi : (16 à 22) M. Rousselle. — (23) M. Bersihand.

Date de l'analyse : (16 à 22) décembre 1858. — (23) décembre 1875.

MINERAIS DE FER.

Nature : Hématite brune et oligiste.

Provenance : Arrondissement de Redon. — Canton de Bain-de-Bretagne. — Commune d'Ercé-en-Lamée (24), Messac (25 à 30).

Analyse :

	(24)	(25)	(26)	(27)	(28)	(29)	(30)
Silice	8.00	24.50	8.00	40.20	21.00	18.00	10.00
Alumine	4.80						6.10
Peroxyde de fer	73.80	63.50	80.30	55.00	69.60	70.30	70.26
Oxyde rouge de manganèse	—	—	—	—	—	—	traces
Chaux	0.70	—	—	—	—	—	traces
Magnésie	traces	—	—	—	—	—	0.10
Acide sulfurique	—	0.30	0.40	0.25	0.40	0.30	traces
Acide phosphorique	0.12	1.00	1.30	0.60	0.30	0.30	0.20
Perte par calcination	12.30	10.50	10.00	3.50	8.30	11.00	13.33
Total	99.72	99.80	100.00	99.55	99.60	99.90	99.99

Nom de la personne qui a fait l'envoi : (24) M. Bersihand. — (25 à 27) M. Demolon. — (28) M. Gruner. — (29, 30) M. Souchet.

Date de l'analyse : (24) mars 1876. — (25 à 27) janvier 1860. — (28) novembre 1863. — (29, 30) septembre 1865.

MINERAIS DE FER.

Nature : Hématite brune avec oligiste.

Provenance : Arrondissement de Redon. — Canton du Grand-Fougeray. — Commune de Saint-Sulpice-des-Landes (31 à 38).

Analyse :

	(31)	(32)	(33)	(34)	(35)	(36)	(37)	(38)
Silice	11.30	14.00	6.60	10.30	56.00	9.33	17.00	29.60
Alumine	5.00	5.00	3.30	3.00	1.30	—	3.60	4.70
Peroxyde de fer	73.50	68.90	75.57	71.80	41.20	75.33	67.00	55.70
Oxyde rouge de manganèse	—	—	—	—	—	—	—	—
Chaux	—	traces	traces	—	—	1.67	0.60	—
Magnésie	—	traces	—	—	—	—	traces	—
Acide sulfurique	traces	traces	—	—	0.14	0.20	0.11	traces
Acide phosphorique	0.40	0.10	0.36	0.51	—	0.40	0.44	0.22
Perte par calcination	9.30	11.30	13.60	13.00	0.60	13.00	11.00	8.60
Acide titanique	—	—	—	1.20	0.40	—	—	1.00
Total	99.50	99.30	99.43	99.81	99.64	99.93	99.75	99.82

Nom de la personne qui a fait l'envoi : (33) M. Simon. — (31, 32) M. Gaine. — (34) M. Formon. — (35 à 38) M. Bersihand.

Date de l'analyse : (33) septembre 1866. — (31, 32, 34) août 1867. — (35 à 38) janvier 1870.

DÉPARTEMENT DE L'INDRE.

NOMBRE DES ÉCHANTILLONS ANALYSÉS : **25.**

MINERAIS DE FER.

Nature : Hématite brune avec hématite rouge.

Provenance : Arrondissement du Blanc. { Canton de Saint-Benoist-du-Sault. — Commune de Sacierges-Saint-Martin (1 à 8). Canton de Bélabre. — Commune de Prissac (4, 5).

Analyse :

	(1)	(2)	(3)	(4)	(5)
Silice	12.00	16.60	12.60	6.30	6.00
Alumine	3.00	6.00	6.30		
Peroxyde de fer	79.60	73.30	74.00	80.30	63.33
Oxyde rouge de manganèse	—	—	—	traces	19.33
Chaux	—	—	0.30	—	—
Magnésie	—	—	traces	—	—
Acide sulfurique	traces	traces	traces	—	traces
Acide phosphorique	0.07	0.05	0.08	0.20	0.10
Perte par calcination	5.00	4.00	6.60	13.00	11.00
Total	99.67	99.65	99.88	99.80	99.76

Nom de la personne qui a fait l'envoi : (1, 2) MM. Rémond et Bonneau. — (3) M. Lavergne. — (4, 5) M. Delanet.

Date de l'analyse : (1, 2) octobre 1876. — (3) juillet 1877. — (4, 5) octobre 1863.

MINERAIS DE FER.

Nature : Minerai pisolitique (6 à 11). — Hématite rouge (12).

Provenance : Arrondissement de Châteauroux. — Canton d'Argenton-sur-Creuse. — Commune d'Argenton.

Analyse :

	(6)	(7)	(8)	(9)	(10)	(11)	(12)
Silice / Alumine	26.60	23.30	26.00	15.90	23.00	23.30	17.60
Peroxyde de fer	59.60	61.90	58.30	68.60	64.60	62.60	79.30
Oxyde rouge de manganèse	—	—	—	—	—	—	—
Chaux	—	traces	—	traces	—	—	—
Magnésie	—	—	—	—	—	—	—
Acide sulfurique	—	—	—	—	—	—	—
Acide phosphorique	0.20	0.15	0.30	0.20	0.30	0.30	0.20
Perte par calcination	13.20	14.30	15.00	14.60	12.00	13.60	2.70
Total	99.60	99.65	99.60	99.30	99.90	99.80	99.80

Nom de la personne qui a fait l'envoi : M. Huard

Date de l'analyse : mai 1877

MINERAIS DE FER.

Nature : Hématite brune avec hématite rouge (13, 15). Minerai pisolitique (14, 16, 17, 18).

Provenance : Arrondissement de Châteauroux. Canton d'Argenton-sur-Creuse. — Commune de Celon (13, 14). Canton et commune de Levroux (15, 16). Canton et commune de Châtillon-sur-Indre : Châtillon (17), Gravette (18).

Analyse :

	(13)	(14)	(15)	(16)	(17)	(18)
Saline	4.70	0.60	11.60	28.00	34.60	26.00
Alumine	6.00	—	—	9.00		
Peroxyde de fer	70.60	89.30	82.00	50.60	54.00	63.66
Oxyde rouge de manganèse	—	traces	—	—	—	—
Chaux	9.30	—	—	—	—	—
Magnésie	0.70	—	—	—	—	—
Acide sulfurique	0.20	—	—	—	0.50	0.50
Acide phosphorique	traces	0.06	traces	0.10	0.10	0.80
Perte par calcination	8.30	10.00	6.00	11.60	10.40	9.00
Total	99.80	99.96	99.60	99.30	99.60	99.96

Nom de la personne qui a fait l'envoi : (13, 14) M. Barbe. — (15, 16) M. Gaudin. — (17) M. Bleu. — (18) M. Gallepie.

Date de l'analyse : (13, 14) janvier 1876. — (15, 16) juin 1857. — (17) août 1863. — (18) avril 1865.

MINERAIS DE FER.

Nature : Minerai pisolitique.

Provenance : Arrondissement de la Châtre. — Canton de la Châtre : Grands-Gaillards (19), Ragon (20), Heillet (21), St-Août (22 à 25).

Analyse :

	(19)	(20)	(21)	(22)	(23)	(24)	(25)
Silice / Alumine	38.30	26.30	36.00	30.00	18.00	26.60	25.00
Peroxyde de fer	47.50	63.30	53.00	55.60	68.60	58.60	60.00
Oxyde rouge de manganèse	—	—	—	—	—	—	—
Chaux	traces	—	—	—	—	—	—
Magnésie	—	—	—	—	—	—	—
Acide sulfurique	1.00	0.60	1.00	0.66	1.00	—	—
Acide phosphorique	0.10	0.10	0.30	0.40	0.30	0.30	0.40
Perte par calcination	13.00	9.30	9.30	13.30	12.00	13.90	14.00
Total	99.90	99.60	99.60	99.96	99.90	99.40	99.40

Nom de la personne qui a fait l'envoi : (19, 20) M. Gallepie. — (21) M. Delanet. — (22, 23) M. Phillips. — (24, 25) M. Valette.

Date de l'analyse : (19, 20) avril 1865. — (21) septembre 1865. — (22, 23) novembre 1863. — (24, 25) juillet 1857.

DÉPARTEMENT DE L'ISÈRE.

NOMBRE DES ÉCHANTILLONS ANALYSÉS : **24**.

MINERAIS DE FER.

Nature : Fer carbonaté (1, 3, 4, 6). — Hématite rouge avec hématite brune (2, 5).

Provenance : Arrondissement de Grenoble. — Canton et commune d'Allevard.

Analyse :

	(1)	(2)	(3)	(4)	(5)	(6)
Silice	2.00	1.60	2.60	4.60	8.00	6.20
Alumine	—	—	—	—	—	—
Peroxyde de fer	55.40	91.00	68.40	51.40	76.60	64.40
Oxyde rouge de manganèse	—	—	—	—	—	—
Chaux	1.00	0.50	0.60	1.20	0.80	0.40
Magnésie	6.00	—	1.40	8.80	0.50	4.00
Acide sulfurique	0.26	0.10	0.12	—	traces	traces
Acide phosphorique	1.50	0.60	0.50	1.20	0 50	0.80
Perte par calcination	33.80	5.40	26.20	32.60	13.20	23.40
Total	99.96	99.20	99.82	99.80	99.60	99.20

Nom de la personne qui a fait l'envoi : Ministère de la marine.

Date de l'analyse : septembre 1858.

MINERAIS DE FER

Nature : Fer carbonaté (7, 10, 12). — Hématite brune avec hématite rouge (8, 9, 11).

Provenance : Arrondissement de Grenoble. — Canton et commune d'Allevard.

Analyse :

	(7)	(8)	(9)	(10)	(11)	(12)
Silice	0.80	1.20	0.30	0.80	3.00	0.20
Alumine	—	—	—	—	—	—
Peroxyde de fer	62.80	90.00	89.20	58.00	86.80	66.20
Oxyde rouge de manganèse	—	—	—	—	—	—
Chaux	0.60	0.30	0.60	0.60	0.60	0.60
Magnésie	—	0.30	1.10	4.60	0.10	5.20
Acide sulfurique	0.50	traces	traces	traces	traces	—
Acide phosphorique	0.20	0.10	0.40	1.50	1.00	0.60
Perte par calcination	35.00	8.00	7.60	34.00	8.40	27.00
Total	99.90	99.90	99.20	99.50	99.90	99.80

Nom de la personne qui a fait l'envoi : Ministère de la marine.

Date de l'analyse : septembre 1858.

MINERAIS DE FER.

Nature : Fer carbonaté (14, 15, 17). — Hématite brune (13, 16).

Provenance : Arrondissement de Grenoble. — Canton et commune d'Allevard.

Analyse :

	(13)	(14)	(15)	(16)	(17)
Silice	13.20	1.20	2.00	1.80	1.60
Alumine	—	—	—	—	—
Peroxyde de fer	72.60	63.40	60.00	78.60	75.50
Oxyde rouge de manganèse	—	—	—	—	—
Chaux	0.60	0.40	0.40	0.50	0.80
Magnésie	traces	4.00	3.60	0.50	0.60
Acide sulfurique	0.13	traces	traces	0.43	0.20
Acide phosphorique	1.60	0.70	1.50	0.60	0.60
Perte par calcination	11.60	30.00	32.00	16.60	20.40
Cuivre	—	—	—	0.50	—
Total	99.73	99.70	99.50	99.53	99.70

Nom de la personne qui a fait l'envoi : Ministère de la marine.

Date de l'analyse : septembre 1858.

MINERAIS DE FER.

Nature : Fer micacé (18). — Hématite brune avec oligiste (19). — Fer carbonaté (20 à 24).

Provenance : Arrondissement de Grenoble. Canton de Bourg-d'Oisans. — Fernet (18) ; Saint-Venant-de-Mareuse (19). Canton de Vizille. — Saint-Jean-de-Vaulx ; la Fayolle (20, 21). — Vizille (22). — Lyrieux (23, 24).

Analyse :

	(18)	(19)	(20)	(21)	(22)	(23)	(24)
Silice	10.00	10.00	7.90	2.00	4.60	14.50	7.50
Alumine	—	—	—	—	—		
Peroxyde de fer	88 00	81.30	42.70	48.00	47.50	49.00	46.00
Oxyde rouge de manganèse	—	—	—	—	3.00	—	—
Chaux	—	1.00	3.60	4.00	1.60	17.00	21.00
Magnésie	—	—	6.20	3.80	5.40	—	—
Acide sulfurique	traces	—	0.50	0.60	traces	—	—
Acide phosphorique	—	0.06	0.80	0.80	0.03	traces	0.50
Perte par calcination	1.20	7.60	37.90	40.80	37.87	19.00	25.00
Total	99.20	99.96	99.60	100.00	100.00	99.50	100.00

Nom de la personne qui a fait l'envoi : (18, 19) M. Bocquin. — (20 à 22) M. Leloup. — (23, 24) M. Laurent de Villers.

Date de l'analyse : (18, 19) mai 1875. — (20 à 22) mars 1861. — (23, 24) septembre 1854.

DÉPARTEMENT DU JURA.

NOMBRE DES ÉCHANTILLONS ANALYSÉS : 7.

MINERAIS DE FER.

Nature : Minerai oolithique.

Provenance :
- Arrondissement de Dôle.
  - Canton de Dampierre. — Commune de Dampierre (1), la Coupotte (2).
  - Canton de Gendrey. — Gendrey (3), Malange (4).
- Arrondissement de Lons-le-Saunier. — Canton de Sellières. — Commune de Baudin (5 à 7).

Analyse :

	(1)	(2)	(3)	(4)	(5)	(6)	(7)
Silice / Alumine	30.00	40.30	16.00	11.50	8.50	12.00	45.00
Peroxyde de fer	37.10	48.00	69.50	54.50	52.00	73.00	42.66
Oxyde rouge de manganèse	—	—	—	—	—	—	—
Chaux	—	—	—	11.00	13.00	traces	traces
Magnésie	—	—	—	—	—	—	—
Acide sulfurique	0.50	0.75	0.30	0.30	0.10	0.33	0.20
Acide phosphorique	0.40	0.30	0.30	0.30	2.00	1.66	1.33
Perte par calcination	12.00	10.40	13.80	12.00	24.33	13.00	10.80
Total	100.00	99.75	99.90	99.60	99.93	99.99	99.99

Nom de la personne qui a fait l'envoi : (1, 2) M. Gaudry. — (3, 4) M. A. Caron. — (5 à 7) M. le directeur des forges de Baudin.

Date de l'analyse : (1, 2) mars 1858. — (3, 4) avril 1858. — (5 à 7) juin 1869.

DÉPARTEMENT DES LANDES.

NOMBRE DES ÉCHANTILLONS ANALYSÉS : 3.

MINERAIS DE FER.

Nature : Fer oxydé hydraté.

Provenance : Arrondissement de Dax. { Canton de Dax. — Dax (1), Pont-Nau (2). Canton et commune de Saint-Martin-de-Seignaux (3).

Analyse :

	(1)	(2)	(3)
Silice	28.66	10.00	22.00
Alumine		2.33	3.60
Peroxyde de fer	55.00	71.00	63.00
Oxyde rouge de manganèse	—	0.40	—
Chaux	—	—	0.30
Magnésie	—	—	0.10
Acide sulfurique	—	—	0.24
Acide phosphorique	0.20	0.25	0.08
Perte par calcination	16.10	16.00	10.00
Total	99.96	99.98	99.32

Nom de la personne qui a fait l'envoi : (1, 2) M. de Chamboran. — (3) M. du Souich.

Date de l'analyse : (1) octobre 1863. — (2) juin 1865. — (3) août 1874.

DÉPARTEMENT DE LOIR-ET-CHER.

NOMBRE DES ÉCHANTILLONS ANALYSÉS : **2**.

MINERAIS DE FER.

Nature : Hématite brune.

Provenance : Arrondissement de Blois. — Canton de Saint-Aignan. — Commune de Château-Vieux, la Petite-Pesodière.

Analyse :

	(1)	(2)
Silice…… / Alumine……	30.00	24.00
Peroxyde de fer……	60.60	66.66
Oxyde rouge de manganèse….	—	—
Chaux……	—	—
Magnésie……	—	—
Acide sulfurique……	0.60	0.30
Acide phosphorique……	traces	traces
Perte par calcination……	8.60	9.00
Total……	99.80	99.96

Nom de la personne qui a fait l'envoi : M. Julien Deplaye.

Date de l'analyse : août 1863.

DÉPARTEMENT DE LA LOIRE.

NOMBRE DES ÉCHANTILLONS ANALYSÉS : **5**.

MINERAIS DE FER.

Nature : Fer oxydé hydraté.

Provenance : Arrondissement de Saint-Étienne. — Canton de Chambon-Feugerolles. — Communes de Firminy (1), Chazeau (2), Unieux (3), Fraisse (4), Saint-Paul-en-Cornillon (5).

Analyse :

	(1)	(2)	(3)	(4)	(5)
Silice	23.00	51.50	36.50	36.50	4.00
Alumine	3.00	—	—	—	1.00
Peroxyde de fer	45.80	34.50	44.00	45.50	81.60
Oxyde rouge de manganèse	5.50	—	—	—	—
Chaux	3.50	3.00	5.00	4.60	traces
Magnésie	traces	—	—	—	traces
Acide sulfurique	—	—	—	—	0.70
Acide phosphorique	0.30	0.10	0.30	0.20	0.40
Perte par calcination	18.80	10.80	13.40	12.80	11.20
Total	99.90	99.90	99.20	99.60	99.90

Nom de la personne qui a fait l'envoi : M. Giraud.

Date de l'analyse : septembre 1863.

DÉPARTEMENT DE LA HAUTE-LOIRE.

NOMBRE DES ÉCHANTILLONS ANALYSÉS : **3**.

MINERAIS DE FER.

Nature : Hématite brune (1, 3). — Minerai oolithique (2).

Provenance : Arrondissement du Puy : Canton et commune du Puy (1, 2). Canton de Saint-Julien-Chapteuil (3).

Analyse :

	(1)	(2)	(3)
Silice	52.00	8.60	13.30
Alumine	—	4.20	6.30
Peroxyde de fer	36.50	44.30	65 00
Oxyde rouge de manganèse	—	2.60	—
Chaux	1.00	18.20	0.30
Magnésie	—	1.30	0.20
Acide sulfurique	—	0.23	0.10
Acide phosphorique	traces	0.38	0.16
Perte par calcination	10.50	20.00	14.30
Total	100.00	99.81	99 66

Nom de la personne qui a fait l'envoi : (1) M. Baude. — (2) M. Thomé de Gamond. — (3) M. Galice.

Date de l'analyse : (1) juin 1854. — (2) mars 1874. — (3) novembre 1875.

DÉPARTEMENT DE LA LOIRE-INFÉRIEURE.

NOMBRE DES ÉCHANTILLONS ANALYSÉS : 4.

MINERAIS DE FER.

Nature : Hématite brune.

Provenance :
- Arrondissement de Châteaubriant.
  - Canton de Derval. — Commune de Sion ; Haute-Noé (3).
  - Canton de Moisdon. — Commune de Meilleraie (2).
  - Canton et commune de Nozay (1).
- Arrondissement de Saint-Nazaire. — Canton de Saint-Nicolas-de-Redon. — Commune d'Avessac (3).

Analyse :

	(1)	(2)	(3)	(4)
Silice	17.30	24.00	15.00	11.60
Alumine			6.20	9.30
Peroxyde de fer	69.00	65.00	66.26	67.40
Oxyde rouge de manganèse	—	—	—	—
Chaux	—	—	—	0.80
Magnésie	—	—	—	traces
Acide sulfurique	0.30	0.66	traces	traces
Acide phosphorique	traces	0.33	0.30	0.16
Perte par calcination	13.30	10.00	11.60	10.60
Cuivre	—	—	0.30	—
Total	99.90	99.99	99.66	99.86

Nom de la personne qui a fait l'envoi : (1) M. Guilbaud. — (2) M. Victor Doré. — (3) M. Despecher. — (4) M. Bersihand.

Date de l'analyse : (1) juin 1862. — (2) février 1866. — (3) février 1875. — (4) mars 1876.

DÉPARTEMENT DU LOIRET.

NOMBRE DES ÉCHANTILLONS ANALYSÉS : **2.**

MINERAIS DE FER.

Nature : Fer oxydé hydraté.

Provenance : Arrondissement de Montargis. — Canton et commune de Montargis.

Analyse :

	(1)	(2)
Silice .... / Alumine	28.66	19.00
Peroxyde de fer..............	58.66	66.66
Oxyde rouge de manganèse.....	—	—
Chaux........................	0.50	traces
Magnésie.....................	traces	traces
Acide sulfurique.............	traces	traces
Acide phosphorique...........	0.04	0.10
Perte par calcination..........	11.66	14.20
Total......	99.52	99.96

Nom de la personne qui a fait l'envoi : M. Simon.

Date de l'analyse : juin 1854.

DÉPARTEMENT DU LOT.

NOMBRE DES ÉCHANTILLONS ANALYSÉS : **6**.

MINERAIS DE FER.

Nature : Hématite brune (1 à 4, 6). — Fer oligiste (5).

Provenance :
- Arrondissement de Cahors.. Canton de Cazals. — Commune des Arques (1). Canton de Puy-Levêque. — Commune de Duravel (2).
- Arrondissement de Figeac. — Canton de Brétenoux. — Commune de Prudhomat (3).
- Arrondissement de Gourdon. Canton de Gourdon. — Commune de Milhac (4). Canton de Gramat. — Commune de Gramat (5), Mélio (6).

Analyse :

	(1)	(2)	(3)	(4)	(5)	(6)
Silice	4.00	23.66	11.33	14.80	10.60	34.66
Alumine					6.00	
Peroxyde de fer	81.00	63.33	78.33	71.80	80.30	55.60
Oxyde rouge de manganèse	1.60	—	—	—	—	—
Chaux	traces	—	—	traces	—	—
Magnésie	traces	—	—	traces	—	—
Acide sulfurique	0.05	—	—	0.30	traces	traces
Acide phosphorique	0.06	0.10	0.20	0.10	0.06	0.15
Perte par calcination	13.00	12.60	9.34	12.60	2.60	8.98
Total	99.71	99.69	99.20	99.60	99.56	99.39

(Pour (1) à (4) et (6), silice et alumine sont dosées ensemble.)

Nom de la personne qui a fait l'envoi : (1) M. Thurminger. — (2, 3, 6) M. Bertera. — (4) M. Girles. — (5) M. Vitrac.

Date de l'analyse : (1) avril 1874. — (2, 3, 6) juin 1862. — (4) juin 1858. — (5) juin 1876.

DÉPARTEMENT DE LOT-ET-GARONNE.

NOMBRE DES ÉCHANTILLONS ANALYSÉS : **20**.

MINERAIS DE FER.

Nature : Hématite brune avec hématite rouge.

Provenance : Arrondissement d'Agen. — Canton d'Astaffort. — Commune de Sauveterre (1 à 3).
Arrondissement de Marmande. — Canton de Lauzun. — Commune d'Allemans (4).

Analyse :

	(1)	(2)	(3)	(4)
Silice	6.30	32 30	19.00	20.00
Alumine	0.80	1.60	1.50	
Peroxyde de fer	84 60	56.00	68.50	69.00
Oxyde rouge de manganèse	—	—	traces	—
Chaux	0.40	0.60	1.00	traces
Magnésie	traces	traces	0.15	—
Acide sulfurique	0.10	0.05	0.07	0.28
Acide phosphorique	0.32	0.19	0.16	—
Perte par calcination	6.00	8.00	8.60	10.00
Acide titanique	1.50	1.00	0.80	—
Total	99.02	99.74	99.78	99.28

Nom de la personne qui a fait l'envoi : (1 à 3) M. Ripert Siffrein. — (4) M. Pochat.

Date de l'analyse : (1 à 3) avril 1875. — (4) juin 1865.

MINERAIS DE FER.

Nature : Hématite brune avec hématite rouge.

Provenance : Arrondissement de Villeneuve-d'Agen. — Canton et commune de Fumel.

Analyse :

	(5)	(6)	(7)	(8)	(9)	(10)
Silice / Alumine	37.66	20.66	24.66	23.66	30.66	57.00
Peroxyde de fer	48.33	70.33	65.60	70.60	60.60	33.33
Oxyde rouge de manganèse	—	—	—	—	—	—
Chaux	—	—	—	—	—	—
Magnésie	—	—	—	—	—	—
Acide sulfurique	:	—	—	—	—	—
Acide phosphorique	0.20	0.30	0.20	0.10	0.20	0.20
Perte par calcination	13.60	8.60	9.33	5.60	8.33	8.67
Total	99.60	99.89	99.79	99.96	99.79	99.20

Nom de la personne qui a fait l'envoi : M. Bertera.

Date de l'analyse : juin 1862.

MINERAIS DE FER.

Nature : Hématite brune avec hématite rouge.

Provenance : Arrondissement de Villeneuve-d'Agen. — Canton de Fumel. — Commune de Cuzorn.

Analyse :

	(11)	(12)	(13)	(14)	(15)
Silice	13.66	10.60	12.00	20.60	5.60
Alumine	6.00	3.00	3.00	traces	0.60
Peroxyde de fer	70.66	76.00	71.60	70.30	79.00
Oxyde rouge de manganèse	traces	—	3.30	—	4.60
Chaux	—	—	—	—	—
Magnésie	—	—	—	—	—
Acide sulfurique	—	traces	0.66	0.07	0.07
Acide phosphorique	0.33	0.04	0.06	0.05	0.06
Perte par calcination	9.00	10.00	9.60	8.60	10.00
Total	99.65	99.64	99.92	99.62	99.93

Nom de la personne qui a fait l'envoi : M. Austruy.

Date de l'analyse : (11 à 13) juin 1865. — (14, 15) février 1877.

MINERAIS DE FER.

Nature : Hématite brune avec hématite rouge.

Provenance : Arrondissement de Villeneuve-d'Agen. — Canton de Fumel. — Commune de Cuzorn.

Analyse :

	(16)	(17)	(18)	(19)	(20)
Silice	9.30	12.00	23.00	24.00	22.00
Alumine	3.00	4.00	4.00	2.00	3.00
Peroxyde de fer	75.60	76.00	64.60	68.60	67.00
Oxyde rouge de manganèse	—	traces	0.60	0.29	0.80
Chaux	—	—	—	—	—
Magnésie	—	—	—	—	—
Acide sulfurique	—	0.08	0.05	0.07	0.07
Acide phosphorique	0.03	0.05	0.05	0.07	0.06
Perte par calcination	12.00	7.60	7.60	5.00	7.00
Total	99.93	99.73	99.90	99.93	99.93

Nom de la personne qui a fait l'envoi : M. Austruy.

Date de l'analyse : février 1877.

DÉPARTEMENT DE LA LOZÈRE.

NOMBRE DES ÉCHANTILLONS ANALYSÉS : **12.**

MINERAIS DE FER.

Nature : Hématite brune.

Provenance : Arrondissement de Marvejols. — Canton de Fournels. — Commune d'Albaret-le-Comptal (1).
Arrondissement de Mende. — Canton de Mende. — Commune de Lanuejols. — Les Sagnes (2), Masseguin (3, 4), Auriac (5), la Loubière (6).

Analyse :

	(1)	(2)	(3)	(4)	(5)	(6)
Silice	25.50	3.90	7.00	10.60	28.00	3.60
Alumine			3.00	5.70	15.00	2.00
Peroxyde de fer	62.00	81.30	75.00	45.40	40.00	78.00
Oxyde rouge de manganèse	—	—	0.30	22.30	4.60	3.50
Chaux	1.20	—	—	—	—	traces
Magnésie	—	—	—	—	—	traces
Acide sulfurique	0.50	traces	—	—	traces	0.70
Acide phosphorique	0.10	0.30	0.20	0.06	0.30	0.20
Perte par calcination	10.60	14.30	15.60	12.00	12.60	13.30
Total	99.90	99.80	99.66	99.90	99.90	99.50

Nom de la personne qui a fait l'envoi : (1, 2) M. Juncker. — (3) M. Fabien. — (4) M. Malabouche. — (5) M. Durand. — (6) M. Chevalier.

Date de l'analyse : (1, 2) octobre 1860. — (3) août 1875. — (4) décembre 1875. — (5) janvier 1876. — (6) avril 1876.

MINERAIS DE FER.

Nature : Fer carbonaté (7). — Hématites brune et rouge (8 à 12).

Provenance : Arrondissement de Mende. — Canton de Bleymard. — Communes de Bagnols-les-Bains (7, 8) et Saint-Julien (9 à 12).

Analyse :

	(7)	(8)	(9)	(10)	(11)	(12)
Silice / Alumine	12.00	3.00	5.60	49.30	8.60	46.60
Peroxyde de fer	45.60	86.30	91.60	38.30	88.60	45.30
Oxyde rouge de manganèse	0.92	—	—	—	—	—
Chaux	0.70	—	—	—	—	—
Magnésie	0.30	—	—	—	—	—
Acide sulfurique	—	0.10	—	—	—	0.20
Acide phosphorique	0.12	0.30	0.10	0.20	0.10	traces
Perte par calcination	40.36	10.00	2.60	10.60	2.60	7.60
Total	100.00	99.70	99.90	99.40	99.90	99.70

Nom de la personne qui a fait l'envoi : (7, 8) M. Peytavin. — (9, 10) M. Champagnac. — (11, 12) M. Fabien.

Date de l'analyse : (7) octobre 1860. — (8 à 12) avril 1861.

DÉPARTEMENT DE MAINE-ET-LOIRE.

NOMBRE DES ÉCHANTILLONS ANALYSÉS : **56**.

MINERAIS DE FER.

Nature : Fer oligiste avec fer silicaté magnétique.

Provenance : Arrondissement d'Angers. — Canton de Pouancé. — Commune de Bouillé-Ménard (1 à 4) ; Angrie (5).

Analyse :

	(1)	(2)	(3)	(4)	(5)
Silice	8.60	22.00	19.00	12.60	16.00
Alumine	3.00	2.30	3.00	3.60	4.00
Peroxyde de fer	84.32	72.02	75.39	77.37	74.41
Oxyde rouge de manganèse	—	—	—	—	—
Chaux	0.60	2.30	1.00	1.00	1.00
Magnésie	—	traces	—	—	—
Acide sulfurique	—	—	—	0.12	0.22
Acide phosphorique	0.12	0.09	0.09	0.09	0.12
Perte par calcination	3.00	1.00	1.30	5.00	4.00
Total	99.64	99.71	99.78	99.78	99.75

Nom de la personne qui a fait l'envoi : M. Danton.

Date de l'analyse : janvier 1873.

MINERAIS DE FER.

Nature : Fer oligiste avec fer silicaté magnétique.

Provenance : Arrondissement d'Angers. — Canton de Pouancé. — Commune de St-Michel et Chauveaux (6, 7, 8) ; la Potherie (9, 10).

Analyse :

	(6)	(7)	(8)	(9)	(10)
Silice	7.30	8.00	11.00	33.00	7.00
Alumine	2.30	3.30	2.60	1.60	2.00
Peroxyde de fer	88.68	86.30	84.00	62.50	80.55
Oxyde rouge de manganèse	—	—	—	—	—
Chaux	1.00	0.60	0.30	1.00	0.60
Magnésie	—	—	0.10	—	—
Acide sulfurique	—	0.16	—	—	—
Acide phosphorique	0.09	0.09	0.45	0.15	0.09
Perte par calcination	2.30	1.30	0.80	1.33	9.60
Acide titanique	—	—	0.65	—	—
Total	99.67	99.75	99.90	99.58	99.84

Nom de la personne qui a fait l'envoi : M. Danton.

Date de l'analyse : janvier 1873.

MINERAIS DE FER.

Nature : Fer oligiste avec fer silicaté magnétique.

Provenance : Arrondissement de Cholet. — Canton et commune de Chemillé.

Analyse :

	(11)	(12)	(13)	(14)	(15)	(16)	(17)	(18)
Silice	27.00	34.00	26.30	30.60	26.00	16.20	4.66	9.60
Alumine	12.40	—	—	—	—	8.36	2.05	5.24
Peroxyde de fer	45.20	62.30	70.80	67.60	70.60	73.32	78.24	62.90
Oxyde rouge de manganèse	—	—	—	—	—	—	traces	8.95
Chaux	traces	—	—	—	—	—	—	—
Magnésie	traces	—	—	—	—	—	—	—
Acide sulfurique	0.59	0.50	0.30	0.20	0.50	traces	—	—
Acide phosphorique	0.13	0.20	0.20	0.20	0.20	0.06	1.04	0.64
Perte par calcination	14.66	2.60	2.00	1.00	2.60	2.00	13.33	12.00
Total	99.98	99.60	99.60	99.60	99.90	99.94	99.32	99.33

Nom de la personne qui a fait l'envoi : M. Danton.

Date de l'analyse : janvier 1868.

MINERAIS DE FER.

Nature : Fer oligiste avec fer silicaté magnétique.

Provenance : Arrondissement de Segré. { Canton du Lion-d'Angers. — Commune de la Jaille-Yvon (19 à 22). Canton et commune de Châteauneuf-sur-Sarthe (23, 24).

Analyse :

	(19)	(20)	(21)	(22)	(23)	(24)
Silice	9.30	48.60	12.60	11.00	55.50	46.30
Alumine	3.00	3.60	2.60	2.60	2.60	2.60
Peroxyde de fer	84.60	44.64	80.60	83.00	40.00	48.60
Oxyde rouge de manganèse	—	—	—	—	—	—
Chaux	2.60	2.00	0.30	0.60	traces	0.30
Magnésie	traces	—	—	0.20	—	0.24
Acide sulfurique	—	0.12	0.05	—	0.02	0.10
Acide phosphorique	0.12	0.09	0.50	0.60	0.08	0.29
Perte par calcination	0.30	0.60	1.00	1.30	1.00	1.30
Acide titanique	—	—	2.20	0.60	—	—
Total	99.96	99.65	99.85	99.90	99.20	90.73

Nom de la personne qui a fait l'envoi : M. Danton.

Date de l'analyse : (19, 20) janvier 1873. — (21, 22) avril 1873. — (23) août 1874. — (24) janvier 1875.

MINERAIS DE FER.

Nature : Fer oligiste avec fer silicaté magnétique.

Provenance : Arrondissement de Segré. — Canton de Châteauneuf-sur-Sarthe. — Commune de Marigné, près Daon.

Analyse :

	(25)	(26)	(27)	(28)	(29)	(30)	(31)
Silice	25.60	16.30	67.30	41.00	62.00	20.60	19.30
Alumine	1.30	1.20	2.20	1.60	2.00	1.40	2.00
Peroxyde de fer	72.00	81.60	29.00	55.50	34.00	76.00	74.00
Oxyde rouge de manganèse	—	—	—	—	—	—	—
Chaux	traces	traces	traces	traces	0.60	0.20	0.30
Magnésie	traces	0.20	0.30	0.60	0.30	0.45	0.60
Acide sulfurique	0.03	—	—	—	—	—	traces
Acide phosphorique	0.10	0.05	—	0.08	0.03	0.09	0.45
Perte par calcination	0.60	0.30	0.60	1.00	1.00	1.00	1.60
Acide titanique	—	—	—	—	—	—	1.60
Total	99.63	99.65	99.54	99.78	99.93	99.74	99.85

Nom de la personne qui a fait l'envoi : (25 à 29, 31) M. Danton. — (30) M. Jeanson.

Date de l'analyse : (25 à 29) avril 1873. — (30) août 1873. — (31) octobre 1874.

MINERAIS DE FER.

Nature : Fer oligiste avec fer silicaté magnétique.

Provenance : Arrondissement de Segré. — Canton de Segré. — Communes de Noyseau (32 à 34) et de la Ferrière (35 à 37).

Analyse :

	(32)	(33)	(34)	(35)	(36)	(37)
Silice	25.60	20.30	8.30	13.00	13.30	20.60
Alumine	4.00	2.60	1.50	3.10	4 60	2.50
Peroxyde de fer	59.62	63.48	89.50	80.13	69.00	73.50
Oxyde rouge de manganèse	—	—	—	—	—	—
Chaux	1.00	1.00	—	0.30	—	—
Magnésie	—	—	—	0.10	—	0.30
Acide sulfurique	—	0.10	0.05	—	0.10	—
Acide phosphorique	0.15	0.15	traces	0.60	0.45	0.50
Perte par calcination	9.60	12 00	0.30	1.60	12.30	1.60
Acide titanique	—	—	traces	0.50	—	0.80
Total	99.83	99 63	99.75	99.23	99.76	99.80

Nom de la personne qui a fait l'envoi : M. Danton.

Date de l'analyse : (32, 33) janvier 1873. — (31, 34) juillet 1873. — (36, 37) janvier 1875.

MINERAIS DE FER.

Nature : Fer oligiste av c fer silicaté magnétique.

Provenance : Arrondissement de Segré. — Canton de Segré. — Champiré (38 à 40) ; Oudon (41 à 44).

Analyse :

	(38)	(39)	(40)	(41)	(42)	(43)	(44)
Silice..........	27.60	16.00	20.00	7.30	7.00	8.00	10.60
Alumine..........	2.00	2.00	3.20	2.30	4.00	3.00	2.00
Peroxyde de fer..........	68.00	78.60	74.50	88.00	87.00	86.70	84.80
Oxyde rouge de manganèse....	—	—	—	—	—	—	—
Chaux..........	0.30	1.00	0.20	0.50	0.60	—	—
Magnésie..........	traces	0.20	0.05	0.30	0.20	traces	traces
Acide sulfurique..........	—	—	—	—	0.10	0.10	traces
Acide phosphorique..........	0.40	0.60	0.30	0.50	0.60	0.60	0.55
Perte par calcination..........	1.30	0.60	1.30	0.60	—	0.30	0.60
Acide titanique..........	0.30	0.80	0.40	0.30	0.30	1.00	1.30
Total......	99.90	99.80	99.95	99.80	99.80	99.70	99.85

Nom de la personne qui a fait l'envoi : M. Danton.

Date de l'analyse : (38, 41) janvier 1874. — (39, 40) janvier 1875. — (42 à 44) août 1874.

MINERAIS DE FER.

Nature : Fer oligiste avec fer silicaté magnétique.

Provenance : Arrondissement de Segré. — Canton de Segré. — Ombrée (45, 46). — Bois (47 à 50).

Analyse :

	(45)	(46)	(47)	(48)	(49)	(50)	(51)
Silice..........	45.60	8.00	26.50	15.30	39.00	10.30	39.00
Alumine..........	1.82	3.30	0.70	5.00	2.20	traces	traces
Peroxyde de fer..........	49.18	84.70	70.00	76.30	55.40	88.00	59.00
Oxyde rouge de manganèse....	—	—	—	—	—	—	—
Chaux..........	0.60	1.00	0.30	0.60	1.00	traces	0.20
Magnésie..........	0.30	0.30	traces	0.30	0.20	traces	traces
Acide sulfurique..........	—	—	—	—	—	—	—
Acide phosphorique..........	0.30	0.40	0.50	0.60	0.56	0.73	0.60
Perte par calcination..........	1.30	1.00	1.00	1.00	0.60	0.30	0.60
Acide titanique..........	0.60	0.60	0.40	0.30	1.00	0 65	0.60
Total......	99.70	99.30	99.40	99.40	99.96	99.98	100.00

Nom de la personne qui a fait l'envoi : M. Danton.

Date de l'analyse : (45, 46) janvier 1875. — (47 à 50) août 1874.

MINERAIS DE FER.

Nature : Fer oligiste avec fer silicaté magnétique.

Provenance : Arrondissement et canton de Segré. — Gravoyère (51 à 53) ; Vaugousset (54) ; les Aulnaies (55). Arrondissement de Saumur. — Canton de Gennes. — Commune de Noyant (56).

Analyse :

	(51)	(52)	(53)	(54)	(55)	(56)
Silice	6.60	14.00	11.60	17 00	11.60	32.00
Alumine	1.60	traces	0.60	0.60	3.60	2.30
Peroxyde de fer	90.47	84.00	84.00	79.60	81.60	63.48
Oxyde rouge de manganèse	—	—	—	—	—	—
Chaux	—	0.20	—	0.60	0.50	0.60
Magnésie	—	traces	—	0.20	0.30	—
Acide sulfurique	traces	—	—	0.06	—	0.08
Acide phosphorique	0.65	0.65	0.60	0.30	0.40	0.09
Perte par calcination	0.60	0.60	1.60	1.00	1.30	1.00
Acide titanique	traces	0.50	1.20	0.30	0.30	—
Total	99.92	99.95	99.60	99.66	99.60	99.55

Nom de la personne qui a fait l'envoi : M. Danton.

Date de l'analyse : (51 à 53) juillet 1873. — (54) août 1874. — (55) janvier 1875.

DÉPARTEMENT DE LA MANCHE.

NOMBRE DES ÉCHANTILLONS ANALYSÉS : 53.

MINERAIS DE FER.

Nature : Fer oligiste avec fer oxydulé (1, 2). — Hématite brune (3 à 7).

Provenance : Arrondissement de Cherbourg. — Canton d'Octeville. — Communes de Querqueville (1, 2) et de Tourlaville (3 à 7).

Analyse :

	(1)	(2)	(3)	(4)	(5)	(6)	(7)
Silice	27.80	60.33	23.00 (Silice et Alumine)	1.66	traces	12.00	31.00
Alumine	—	—					
Peroxyde de fer	65.50	38.50	65.00	81.66	82.00	75.60	56.00
Oxyde rouge de manganèse	—	—	—	—	—	—	—
Chaux	3.00	traces	—	—	—	—	—
Magnésie	—	—	—	—	—	—	—
Acide sulfurique	—	—	traces	0.40	0.20	0.30	0.70
Acide phosphorique	0.20	—	1.30	1.00	0.60	0.30	0.60
Perte par calcination	3.40	1.00	10.25	15.33	17.00	11.50	11.30
Total	99.90	99.83	99.55	99.65	99.80	99.70	99.60

Nom de la personne qui a fait l'envoi : (1, 2) M. Ferré. — (3 à 7) M. Duchanoy.

Date de l'analyse : (1, 2) novembre 1863. — (3, 7) septembre 1856.

MINERAIS DE FER.

Nature : Fer oxydulé magnétique avec fer oxydé hydraté.

Provenance : Arrondissement de Cherbourg. — Canton de Cherbourg (8, 9) ; Duhamey (10) ; Choquet (11 à 13).

Analyse :

	(8)	(9)	(10)	(11)	(12)	(13)
Silice / Alumine	27.00	17.00	37.00	7.50	9.00	4.80
Peroxyde de fer	68.66	70.00	43.33	78.00	75.00	73.33
Oxyde rouge de manganèse	—	—	—	—	—	—
Chaux	—	—	—	—	—	—
Magnésie	—	—	—	—	—	—
Acide sulfurique	0.20	0.10	0.10	0.30	0.20	0.20
Acide phosphorique	0.10	traces	0.10	0.60	0.20	1.10
Perte par calcination	4.00	12.30	19.00	13.55	15.36	21.46
Total	99.96	99.40	99.53	99.95	99.76	99.89

Nom de la personne qui a fait l'envoi : M. Ferré.

Date de l'analyse : novembre 1863.

MINERAIS DE FER.

Nature : Fer oxydulé magnétique avec fer oxydé hydraté.

Provenance : Arrondissement de Cherbourg. — Canton de Cherbourg. — Cherbourg (14 à 16) ; Pierre-Butée (17 à 19).

Analyse :

	(14)	(15)	(16)	(17)	(18)	(19)
Silice	40.33	28.33	51.00	17.00	27.50	12.00
Alumine	—	—	—	—	—	—
Peroxyde de fer	50.00	60.00	40.00	82.00	71.00	74.00
Oxyde rouge de manganèse	—	—	—	—	—	—
Chaux	—	—	—	—	—	2.40
Magnésie	—	—	—	—	—	1.00
Acide sulfurique	—	—	—	0.66	0.50	traces
Acide phosphorique	0.30	0.66	1.00	0.33	0.70	0.60
Perte par calcination	9.33	11.00	8.00	—	—	9.60
Total	99.96	99.99	100.00	99.99	99.70	99.60

Nom de la personne qui a fait l'envoi : (14 à 16) M. Ferré. — (17 à 19) M. Vidal.

Date de l'analyse : (14 à 16) février 1864. — (17 à 19) juillet 1859.

MINERAIS DE FER.

Nature : Fer oxydulé magnétique avec fer oxydé hydraté.

Provenance : Arrondissement de Cherbourg. — Canton des Pieux. — Commune de Flamanville; Diélette.

Analyse :

	(20)	(21)	(22)	(23)	(24)	(25)	(26)	(27)
Silice	5.00	30.00	30.00	43.60	55.00	20.00	60.60	72.30
Alumine	—	—	—	—	—	—	—	—
Peroxyde de fer	83.00	55.30	58.00	46.30	37.30	65.00	30.60	22.00
Oxyde rouge de manganèse	—	—	—	—	—	—	—	—
Chaux	—	—	—	—	—	—	—	—
Magnésie	—	—	—	—	—	—	—	—
Acide sulfurique	0.60	0.40	0.30	traces	0.30	0.50	0.40	0.20
Acide phosphorique	1.30	1.20	1.30	0.90	0.60	3.00	1.60	1.00
Perte par calcination	10.00	12.30	10.30	8.30	6.60	11.60	6.60	4.00
Total	99.90	99.20	99.90	99.10	99.80	100.10	99.80	99.50

Nom de la personne qui a fait l'envoi : M. Ferré.

Date de l'analyse : janvier 1863.

MINERAIS DE FER.

Nature : Fer oxydulé magnétique.

Provenance : Arrondissement de Cherbourg. — Canton des Pieux. — Commune de Flamanville ; Diélette.

Analyse :

	(28)	(29)	(30)	(31)	(32)
Silice	35.00	41.30	12.30	6.00	9.20
Alumine	—	—	—	—	—
Peroxyde de fer	63.66	57.00	77.00	89.18	89.00
Oxyde rouge de manganèse	—	—	—	—	—
Chaux	—	—	traces	—	—
Magnésie	—	0.30	0.30	—	0.30
Acide sulfurique	—	0.15	0.40	0.08	0.20
Acide phosphorique	0.12	traces	1.00	0.12	0.06
Perte par calcination	1.00	0.60	9.00	4.30	1.00
Total	99.78	99.35	100.00	99.68	99.76

Nom de la personne qui a fait l'envoi : M. Ferré.

Date de l'analyse : juillet 1862.

MINERAIS DE FER.

Nature : Limonite (33, 34). — Fer oxydulé avec oligiste (35, 36).

Provenance : Arrondissement de Coutances. — Canton de Montmartin-sur-Mer. — Commune de Regnéville

Analyse :

	(33)	(34)	(35)	(36)
Silice	12.00	25.00	7.30	9.50
Alumine	—	—	—	—
Peroxyde de fer	74.00	59.60	90.60	87.00
Oxyde rouge de manganèse	—	—	—	—
Chaux	—	—	—	—
Magnésie	—	—	—	—
Acide sulfurique	1.20	0.55	0.40	0.40
Acide phosphorique	traces	traces	traces	0.30
Perte par calcination	12.60	14.00	1.30	2.00
Total	99.80	99.15	99.60	99.20

Nom de la personne qui a fait l'envoi : M. Ferré.

Date de l'analyse : janvier 1863.

MINERAIS DE FER.

Nature : Fer oxydé hydraté (37, 38, 40, 41). — Fer oxydulé avec oligiste (39).

Provenance : Arrondissement de Valognes. { Canton de Valognes. — Communes de Brix (37 à 39) et de Saussemesnil (40). Canton de Barneville. — Commune du Mesnil ; la Queretterie (41).

Analyse :

	(37)	(38)	(39)	(40)	(41)
Silice ... Alumine ...	24.00	45.66	41.30	41.33	40.00
Peroxyde de fer ...	65.66	44.33	57.00	49.33	48.66
Oxyde rouge de manganèse ...	—	—	—	—	—
Chaux ...	—	—	traces	—	—
Magnésie ...	—	—	0.30	—	—
Acide sulfurique ...	0.13	traces	0.05	traces	0.20
Acide phosphorique ...	—	0.60	traces	0.30	0.30
Perte par calcination ...	10.20	9.33	0.60	9.00	10.30
Total ...	99.99	99.92	99.25	99.96	99.46

Nom de la personne qui a fait l'envoi : (37 à 40) M. Ferré. — (41) M. Estivant.

Date de l'analyse : (37 à 39) mai 1873. — (40) novembre 1863. — (41) juin 1864.

MINERAIS DE FER.

Nature : Fer oxydé hydraté (42). — Fer oxydulé (43 à 49).

Provenance : Arrondissement de Valognes. — Canton de Montebourg. — Commune de Ham (42) : Brides (43), Saint-Germain-de-Tournebut (44 à 49).

Analyse :

	(42)	(43)	(44)	(45)	(46)	(47)	(48)	(49)
Silice ...	7.00	60.33	47.50	20.50	11.50	12.00	40.50	7.50
Alumine ...	—	—	—	—	—	—	—	—
Peroxyde de fer ...	76.66	38.50	49.00	75.00	83.50	84.00	56.50	89.50
Oxyde rouge de manganèse ...	—	—	—	—	—	—	—	—
Chaux ...	—	traces	1.50	2.10	traces	3.50	—	—
Magnésie ...	—	—	—	—	—	—	—	—
Acide sulfurique ...	0.30	—	0.20	0.10	0.30	0.10	0.10	0.20
Acide phosphorique ...	1.00	0.10	0.30	0.20	0.20	0.30	0.30	0.30
Perte par calcination ...	15.00	1.00	1.50	2.10	4.00	—	2.50	2.00
Total ...	99.96	99.93	100.00	100.00	99.50	99.90	99.90	99.50

Nom de la personne qui a fait l'envoi : M. Ferré.

Date de l'analyse : (42) novembre 1863. — (43) septembre 1856. — (44 à 49) septembre 1857.

MINERAIS DE FER.

Nature : Fer oxydulé avec oligiste (50, 51). — Fer oxydé hydraté (52, 53).

Provenance : Arrondissement de Valognes. — Canton de Quettehou. — Communes de Saint-Waast-de-la-Hougue (50, 51) et de Valcanville-le-Houx (52, 53).

Analyse :

	(50)	(51)	(52)	(53)
Silice / Alumine	16.30	8.00	21.60	17.00
Peroxyde de fer	82.60	87.00	68.50	72.00
Oxyde rouge de manganèse	—	—	—	—
Chaux	—	—	—	—
Magnésie	—	—	—	—
Acide sulfurique	—	0.10	0.20	0.30
Acide phosphorique	traces	0.10	traces	0.20
Perte par calcination	0.50	4.50	9.60	10.30
Total	99.40	99.70	99.90	99.80

Nom de la personne qui a fait l'envoi : (50, 51) M. Paret. — (52, 53) M. Ferré.

Date de l'analyse : (50, 51) août 1859. — (52, 53) janvier 1862.

DÉPARTEMENT DE LA MARNE.

NOMBRE DES ÉCHANTILLONS ANALYSÉS : 11.

MINERAIS DE FER.

Nature : Fer oxydé anhydre (1). — Minerai oolithique (2 à 5).

Provenance : Arrondissement d'Épernay. — Canton de Montmirail. — Commune de Bergères-sous-Montmirail (1).
Arrondissement de Vitry-le-Français. Canton et commune de Vitry (2, 3). Canton de Thiéblement. — Cheminon-la-Ville (4); Sermaize (5).

Analyse :

	(1)	(2)	(3)	(4)	(5)
Silice..	9.00	22.00	18.30	17.44	28.30
Alumine....................				10.10	
Peroxyde de fer.............	88.60	49.10	54.30	54.46	53.00
Oxyde rouge de manganèse ...	—	—	—	—	—
Chaux.................... ..	—	9.00	8.00	traces	3.30
Magnésie....................	—	—	—	traces	—
Acide sulfurique............	2 00	—	—	0.38	0.30
Acide phosphorique........ .	traces	traces	traces	0.26	0.20
Perte par calcination........ ..	0.30	19.00	19.00	17.00	14.33
Total......	99.90	99.10	99.60	99.64	99.43

Nom de la personne qui a fait l'envoi : (1) M. Guillard. — (2, 3) M. de Plinval. — (4) M. Douvillers. — (5) M. Dumont.

Date de l'analyse : (1) août 1857. — (2, 3) mars 1866. — (4) décembre 1871. — (5) janvier 1866.

MINERAIS DE FER.

Nature : Minerai en grains (6 à 8). — Minerai en roche (9 à 11).

Provenance : Arrondissement de Reims. Canton et commune d'Ay (6 à 8). Canton et commune de Verzy (9 à 11).

Analyse :

	(6)	(7)	(8)	(9)	(10)	(11)
Silice......................	9.60	2.00	56.00	20.30	44.50	61.40
Alumine....................	8.40	4.60	10.30	3.85	6.80	0.35
Peroxyde de fer.............	64.60	71.40	16.90	62.30	23.90	29.20
Oxyde rouge de manganèse....	traces	0.10	6.20	0.15	6.00	2.15
Chaux...........	0.70	0.50	0.60	0.40	0.70	0.20
Magnésie.......	0.20	0.20	0.30	0.20	0.30	0.15
Acide sulfurique	0.24	0.35	traces	0.09	0.07	0.10
Acide phosphorique......... .	0.25	0.19	0.32	0.13	5.52	0.16
Perte par calcination...... ..	15.60	20.30	9.00	12.30	12.00	6.00
Total......	99.59	99.64	99 62	99.72	99.89	99.71

Nom de la personne qui a fait l'envoi : M. Vaillant.

Date de l'analyse : février 1874.

DÉPARTEMENT DE LA HAUTE-MARNE.

NOMBRE DES ÉCHANTILLONS ANALYSÉS : **99**.

MINERAIS DE FER.

Nature : Minerai oolithique.

Provenance : Arrondissement de Chaumont.
- Canton de Châteauvillain. — Commune de Marmesse (1). — Commune de Latrecey (2, 3).
- Canton de Chaumont. — Commune de la Harmond (4).
- Canton de Vignory. — Commune de Guindrecourt-sur-Blaise (6). — Commune de Marault (5).

Analyse :

	(1)	(2)	(3)	(4)	(5)	(6)
Silice	12.36	24.00	13.30	19.00	15.60	11.00
Alumine		19.00	18.00	16.00	18.00	5.40
Peroxyde de fer	71.80	35.00	48.00	35.00	43.20	62.60
Oxyde rouge de manganèse	—	—	—	—	—	1.50
Chaux	0.20	5.30	5.60	13.00	4.00	1.60
Magnésie	—	2.00	1.60	3.00	0.80	0.55
Acide sulfurique	0.46	—	—	—	—	0.15
Acide phosphorique	0.66	0.20	0 20	0 30	0.30	0.64
Perte par calcination	14.00	14.30	13.20	13.60	18.00	16.00
Total	99.98	99.80	99.90	99.90	99.90	99.44

Nom de la personne qui a fait l'envoi : (1 à 5) MM. Rozet et Lemat. — (6) M. Jamin.

Date de l'analyse : (1) juillet 1859. — (2, 3) août 1876. — (4 à 6) juin 1877.

MINERAIS DE FER.

Nature : Minerai oolithique.

Provenance : Arrondissement de Langres.
- Canton de Fayl-Billot. — Communes de Valleroy (18) et de Voncourt (19).
- Canton de Longeau. — Commune de Chalindrey (20, 21).

Analyse :

	(7)	(8)	(9)	(10)
Silice	16.60	24.00	9.00	18.33
Alumine	3.30	21.00	6.00	15.67
Peroxyde de fer	65.30	33.70	38.00	31.00
Oxyde rouge de manganèse	1.40	—	—	—
Chaux	1.50	8.00	20.60	15.00
Magnésie	0.50	2.00	—	1.33
Acide sulfurique	0.31	—	—	0.17
Acide phosphorique	0.47	0.40	1.00	0.22
Perte par calcination	10.30	10.60	25.00	18.00
Total	99.68	99.70	99.60	99 72

Nom de la personne qui a fait l'envoi : (7, 8) M. Jamin. — (9, 10) M. Denonvillers.

Date de l'analyse : (7) décembre 1874. — (8) juin 1874. — (9) août 1876. — (10) juin 1877.

MINERAIS DE FER.

Nature : Fer oxydé hydraté en roche.

Provenance : Arrondissement de Vassy-sur-Blaise. — Canton et commune de Saint-Dizier : Belle-Faysse (22 à 25), Rouly (26), Côte-aux-Chats (27 à 29).

Analyse :

	(11)	(12)	(13)	(14)	(15)	(16)	(17)	(18)	(19)
Silice Alumine	10.30	8.00	18.00	15.20 9.78	7.30 5.80	8.30 10.00	25.00	26.00	18.60
Peroxyde de fer	74.66	72.38	59.38	57.69	65.70	63.80	60.60	47.50	67.38
Oxyde rouge de manganèse	—	—	—	—	2.50	—	—	—	—
Chaux	0.50	—	—	traces	0.90	1.60	—	—	—
Magnésie	—	—	—	traces	0.35	0.60	—	—	—
Acide sulfurique	0.20	0.11	0.11	0.24	0.17	0.12	0.11	0.05	0.14
Acide phosphorique	0.50	0.62	0.62	0.26	0.64	0.35	traces	0.50	0.62
Perte par calcination	13.60	18.30	21.00	16.66	16.60	15.00	14.00	25.60	13.00
Total	99.76	99.41	99.41	99.83	99.96	99.77	99.71	99.65	99.74

Nom de la personne qui a fait l'envoi : (11 à 13) MM. Rozet et Lemat. — (14) M. Mercier. — (15) M. Becquey. — (16 à 19) M. Jamin.

Date de l'analyse : (11 à 13) juillet 1859 — (14) mai 1858. — (15) mars 1859. — (16 à 19) juin 1874.

MINERAIS DE FER.

Nature : Fer oxydé hydraté en roche.

Provenance : Arrondissement de Vassy. — Canton et commune de Saint-Dizier. Fosse-Fadoue (30 à 32) ; Montperrin (33, 34) ; Ancerville (35) ; Vertbois (36).

Analyse :

	(20)	(21)	(22)	(23)	(24)	(25)	(26)
Silice Alumine	14.00	12.60	22.00	14.00	15.60	11.00	30.00
Peroxyde de fer	71.50	72.00	66.00	66.62	64.49	70.00	54.00
Oxyde de manganèse	—	—	—	—	—	—	—
Chaux	—	0.80	0.20	—	—	2.00	1.30
Magnésie	—	—	—	—	—	traces	0.30
Acide sulfurique	0.14	0.20	0.20	0.16	0.11	0.20	0.20
Acide phosphorique	0.50	0.30	0.50	0.38	0.51	traces	traces
Perte par calcination	13.60	14.00	11.10	18.30	19.00	16.60	14.00
Total	99.74	99.90	100.00	99.46	99.71	99.80	99.80

Nom de la personne qui a fait l'envoi : (20 à 24) MM. Rozet et Lemat. — (25) M. Becquey. — (26) M. Gambaro.

Date de l'analyse : (20 à 24) juillet 1859. — (25) mars 1859. — (26) avril 1875.

MINERAIS DE FER.

Nature : Fer oxydé hydraté et fer carbonaté lithoïde.

Provenance : Arrondissement de Vassy. — Canton de Saint-Dizier. — Commune de Marnaval.

Analyse :

	(27)	(28)	(29)	(30)	(31)	(32)
Silice ... Alumine ...	15.60	23.00	18.00	16.60	23.60	14.00
Peroxyde de fer ...	66.30	60.00	45.60	64.60	60.90	66.60
Oxyde rouge de manganèse ...	—	—	—	—	—	—
Chaux ...	1.00	2.00	15.30	2.30	1.30	0.60
Magnésie ...	—	—	—	—	—	—
Acide sulfurique ...	—	—	—	—	—	—
Acide phosphorique ...	0.20	0.60	1.00	0.50	traces	traces
Perte par calcination ...	16.30	14.00	20.00	15.60	14.00	18.60
Total ...	99.40	99.60	99.90	99.60	99.80	99 80

Nom de la personne qui a fait l'envoi : M. Becquey.

Date de l'analyse : avril 1867.

MINERAIS DE FER.

Nature : Fer carbonaté lithoïde.

Provenance : Arrondissement de Vassy. — Canton de Saint-Dizier. — Commune de Marnaval.

Analyse :

	(33)	(34)	(35)	(36)	(37)
Silice ... Alumine ...	19.00	13.00	11.00	11.00	5.67
Peroxyde de fer ...	34.20	57.30	59.00	64.00	68.30
Oxyde rouge de manganèse ...	—	—	—	—	—
Chaux ...	18.60	1.60	1.00	2.00	3.33
Magnésie ...	—	—	—	—	—
Acide sulfurique ...	2.50	1.50	0.60	1.60	1.00
Acide phosphorique ...	0.60	0.30	traces	0.60	1.30
Perte par calcination ...	24.60	26.00	28.00	20.00	20.00
Total ...	99.50	99.70	99.60	99.40	99.60

Nom de la personne qui a fait l'envoi : M. Becquey.

Date de l'analyse : avril 1867.

MINERAIS DE FER.

Nature : Minerai en grains.

Provenance : Arrondissement de Vassy-sur-Blaise. — Canton de Saint-Dizier. { Commune de Bettancourt-la-Ferrée (48 à 51). Commune de Roches-sur-Marne (55).

Analyse :

	(38)	(39)	(40)	(41)	(42)	(43)	(44)	(45)
Silice	39.00	14.60	14.50	7.60	10 00	26.60	28.30	20.60
Alumine						21.60	21.50	
Peroxyde de fer	42.00	68.00	67.00	74 60	63.00	30.50	34.60	63.60
Oxyde rouge de manganèse	—	—	—	—	—	0.30	0.30	—
Chaux	2.10	0.60	1.90	1.30	2.00	2.30	2.00	traces
Magnésie	—	—	—	traces	1.00	0.30	0.30	1.30
Acide sulfurique	0.60	0.40	0.60	0.50	0.20	—	—	0.20
Acide phosphorique	0.10	0.30	0.30	0.20	0.10	0.55	0.60	0.20
Perte par calcination	15.90	15.80	15.60	15.60	23.60	17.60	12.30	14.00
Total	99.70	99.70	99.90	99.80	99.90	99.75	99.90	99.90

Nom de la personne qui a fait l'envoi : (38 à 42, 45) M. Rozet. — (43, 44) M. Chazouillère.

Date de l'analyse : (38 à 42) mars 1865. — (43, 44) juillet 1865. — (45) juillet 1877.

MINERAIS DE FER.

Nature : minerai oolithique.

Provenance : Arrondissement de Vassy. — Canton et commune de Vassy-sur-Blaise.

Analyse :

	(46)	(47)	(48)	(49)	(50)	(51)	(52)	(53)
Silice	9.30	48.00	40.00	39.00	40.00	50.00	18.96	12.00
Alumine	6.60						15.51	10.30
Peroxyde de fer	47.00	38.30	50.00	50.00	47.60	42.00	50.60	60.50
Oxyde rouge de manganèse	—	—	—	—	—	—	—	—
Chaux	21.30	—	—	—	—	—	0.66	0.90
Magnésie	—	—	—	—	—	—	0.33	0.20
Acide sulfurique	0.30	traces	traces	traces	traces	traces	0.23	0.55
Acide phosphorique	0.16	0.50	0.56	0.46	0.49	0.56	0.86	0.70
Perte par calcination	15.00	13.00	9.00	10.00	11.60	7.00	12.66	14.60
Total	99.66	99.80	99.56	99.46	99.69	99.56	99.81	99.75

Nom de la personne qui a fait l'envoi : (46 à 51) M. Jamin. — (52, 53) M. Chauveau.

Date de l'analyse : (46) juin 1873. — (47 à 51) avril 1875. — (52, 53) juillet 1859.

MINERAIS DE FER.

Nature : Fer oxydé hydraté.

Provenance : Arrondissement de Vassy. — Canton et commune de Vassy-sur-Blaise. { Francemont (54, 55), Pont-Varin (56, 57), Bortières (58, 59).

Analyse :

	(54)	(55)	(56)	(57)	(58)	(59)
Silice	8.60	13.60	18.00 (Silice et Alumine)	9.33	35.00	35.00
Alumine	4.00	4.60				
Peroxyde de fer	54.40	65.00	64.00	74.30	49.00	49.50
Oxyde rouge de manganèse	—	—	—	—	—	—
Chaux	3.00	1.00	traces	0.40	2.60	0.70
Magnésie	—	—	traces	—	—	—
Acide sulfurique	0.10	0.30	0.60	0.30	traces	traces
Acide phosphorique	0.20	traces	0.30	0.50	0.30	0.40
Perte par calcination	29.30	15.20	17.00	14.60	13.00	14.10
Total	99.60	99.70	99.90	99.43	99.90	99.70

Nom de la personne qui a fait l'envoi : (54, 55) M. Jamin. — (56, 57) M. Rozet. — (58, 59) M. Cercelet.

Date de l'analyse : (54, 55) juillet 1859. — (56, 57) août 1861. — (58, 59) septembre 1864.

MINERAIS DE FER.

Nature : Minerai oolithique.

Provenance : Arrondissement de Vassy. — Canton de Vassy. — Flornoy (60), Louvemont-le-Buisson (61, 62), Doulevant-le-Petit (63, 64), Montreuil-sur-Blaise (65).

Analyse :

	(60)	(61)	(62)	(63)	(64)	(65)
Silice	19.30 (Silice et Alumine)	18.67 (Silice et Alumine)	24.67 (Silice et Alumine)	15.60	15.00	14.00
Alumine				9.40	4.80	2.30
Peroxyde de fer	62.60	66.33	60.67	53.80	59.00	64.30
Oxyde rouge de manganèse	—	—	—	0.70	0.80	—
Chaux	traces	2.00	1.33	1.20	1.00	3.60
Magnésie	1.30	—	—	0.15	0.55	—
Acide sulfurique	0.10	1.00	0.66	0.24	0.20	traces
Acide phosphorique	0.40	0.60	0.80	0.25	0.51	0.30
Perte par calcination	16.00	10.67	11.33	18.30	18.00	15.20
Total	99.70	99.27	99.46	99.04	99.86	99.70

Nom de la personne qui a fait l'envoi : (60) M. Masson. — (61, 62) M. Demanest. — (63, 64) M. Mercier. — (65) MM. Rozet et Lemet.

Date de l'analyse : (60) octobre 1869. — (61, 62) mai 1868. — (63, 64) septembre 1874. — (65) août 1861.

MINERAIS DE FER.

Nature : Minerai oolithique.

Provenance : Arrondissement de Vassy-sur-Blaise. — Canton de Vassy. — Commune de Bailly-aux-Forges (66 à 68).
Arrondissement de Vassy. — Canton de Montiérander. — Commune de Sommevoire (69 à 71).

Analyse :

	(66)	(67)	(68)	(69)	(70)	(71)
Silice, Alumine	9.80	23.30	14.30	33.00	50.00	30.20
Peroxyde de fer	71.60	58.70	69.60	43.00	35.00	50.20
Oxyde rouge de manganèse	—	—	—	—	—	—
Chaux	2.00	0.60	traces	6.20	1.30	2.40
Magnésie	—	—	—	—	—	—
Acide sulfurique	1.60	0.30	1.00	0.30	1.30	1.30
Acide phosphorique	traces	traces	traces	traces	0.30	0.50
Perte par calcination	15.00	16.60	15.00	17.30	11.30	15.00
Total	100.00	99.50	99.90	99.80	99.20	99.60

Nom de la personne qui a fait l'envoi : (66 à 68) MM. Rozet et Lemet. — (69 à 71) M. Rabourdin.

Date de l'analyse : (66 à 68) juillet 1865. — (69 à 71) juin 1862.

MINERAIS DE FER.

Nature : Fer oxydé hydraté.

Provenance : Arrondissement de Vassy. Canton de Poissons. — Communes de Poissons (72) et de Noncourt (73, 74).
Canton de Joinville-sur-Marne. — Commune de Chatonrupt (73 à 77).

Analyse :

	(72)	(73)	(74)	(75)	(76)	(77)
Silice	16.60	21.00	31.60	16.30	16.00	30.00
Alumine	7.30	3.50	4.00	4.60	4.50	4.00
Peroxyde de fer	58.60	54.00	52.30	60.00	63.00	52.30
Oxyde rouge de manganèse	—	—	—	—	—	—
Chaux	2.00	4.00	1.30	3.60	1.10	1.30
Magnésie	—	—	—	—	—	—
Acide sulfurique	0.30	0.60	—	traces	traces	traces
Acide phosphorique	traces	0.60	0.30	traces	0.60	0.30
Perte par calcination	15.00	15.80	10.40	14.80	14.20	12.00
Total	99.80	99.50	99.90	99.30	99.40	99.90

Nom de la personne qui a fait l'envoi : M. Cercelet.

Date de l'analyse : août 1861.

MINERAIS DE FER.

Nature : Fer oxydé hydraté (78, 80 à 82). — Fer carbonaté (81, 83, 84).

Provenance : Arrondissement de Vassy-sur-Blaise. — Canton de Doulaincourt. — Commune de Bettaincourt.

Analyse :

	(78)	(79)	(80)	(81)	(82)	(83)	(84)
Silice / Alumine	24.00	13.00	30.00	12.00	17.00	8.00	17.00
Peroxyde de fer	57.38	59.38	53.73	67.55	60.86	64.50	53.00
Oxyde rouge de manganèse	—	—	—	—	—	—	—
Chaux	4.00	—	—	5.00	4.00	—	3.00
Magnésie	—	—	—	—	—	—	—
Acide sulfurique	0.41	0.41	0.54	0.16	0.40	0.59	2.19
Acide phosphorique	0.62	0.62	1.27	5.45	1.14	0.50	0.74
Perte par calcination	13.00	26.00	14.00	9.40	16.00	26.00	24.00
Total	99.41	99.41	99.54	99.56	99.40	99.59	99.93

Nom de la personne qui a fait l'envoi : M. Becquey.

Date de l'analyse : mai 1858.

MINERAIS DE FER.

Nature : Fer oxydé hydraté.

Provenance : Arrondissement de Vassy. — Canton de Chevillon. — Commune d'Eurville (85 à 91).

Analyse :

	(85)	(86)	(87)	(88)	(89)	(90)	(91)
Silice	21.00	7.00	40.00	20.90	14.00	14.20	16.60
Alumine				12.39	9.00	10.20	5.40
Peroxyde de fer	58.00	70.49	52.62	51.87	62.03	61.07	63.60
Oxyde rouge de manganèse	—	—	—	traces	0.20	0.08	traces
Chaux	—	—	—	traces	traces	traces	—
Magnésie	—	—	—	traces	—	—	—
Acide sulfurique	0.41	0.54	0.41	traces	0.09	0.06	—
Acide phosphorique	traces	0.51	0.38	0.57	0.30	0.36	0.20
Perte par calcination	20.00	21.00	6.00	14.00	14.30	14.00	14.00
Total	99.41	99.54	99.41	99.73	99.92	99.97	99.80

Nom de la personne qui a fait l'envoi : (85 à 90) M. Jamin Bailly. — (91) M. Becquey.

Date de l'analyse : (85 à 88) juillet 1871. — (89, 90) décembre 1873. — (91) mai 1858.

MINERAIS DE FER.

Nature : Fer oxydé hydraté.

Provenance : Arrondissement de Vassy. — Canton de Chevillon. — Communes d'Eurville (92 à 98) et de Narcy (99).

Analyse :

	(92)	(93)	(94)	(95)	(96)	(97)	(98)	(99)
Silice	56.00	27.30	38.30	33.00	45.60	26.00	35.60	17.00
Alumine	7.00	3.60	5.00	5.60	12.60	5.00	15.00	9.60
Peroxyde de fer	30.00	60.00	50.00	55.00	33.30	54.60	35.04	61.00
Oxyde rouge de manganèse	—	—	—	—	—	—	—	—
Chaux	—	0.20	traces	—	traces	0.60	6.30	0.30
Magnésie	—	—	—	—	—	—	traces	—
Acide sulfurique	—	—	—	—	—	—	—	0.90
Acide phosphorique	0.06	0.09	0.13	0.10	0.06	0.09	0.40	0.14
Perte par calcination	6.60	8.60	6.30	6.00	7.80	13.00	7.30	10.60
Total	99.66	99.79	99.73	99.70	99.36	99.29	99.64	99.54

Nom de la personne qui a fait l'envoi : M. Paul Jamin.

Date de l'analyse : (92 à 97) octobre 1875. — (98) août 1876. — (99) juin 1877.

DÉPARTEMENT DE LA MAYENNE.

NOMBRE DES ÉCHANTILLONS ANALYSÉS : **9**.

MINERAIS DE FER.

Nature : Hématite brune (1 à 6).

Provenance : Arrondissement de Laval. — Canton de Loiron. { Commune d'Olivet; Port-Brillet (1 à 5). Commune de Saint-Pierre-la-Cour (6).

Analyse :

	(1)	(2)	(3)	(4)	(5)	(6)
Silice ... Alumine ...	28.60	36.60	8.00	20.00	39.00	41.00
Peroxyde de fer ...	60.00	52.60	77.00	67.00	50.00	47.30
Oxyde rouge de manganèse ...	—	—	—	—	—	—
Chaux ...	traces	traces	2.00	—	—	—
Magnésie ...	—	—	—	—	—	—
Acide sulfurique ...	0.40	0.15	0.35	0.45	0.36	0.36
Acide phosphorique ...	0.50	0.30	0.28	0.15	0.20	0.15
Perte par calcination ...	10.00	10.00	12.30	11.60	10.00	11.00
Total ...	99.50	99.65	99.93	99.20	99.56	99.81

Nom de la personne qui a fait l'envoi : M. Rees.

Date de l'analyse : novembre 1858.

MINERAIS DE FER.

Nature : Hématite brune (7). — Hématite rouge (8, 9).

Provenance : Arrondissement de Château-Gonthier. — Canton et commune de Château-Gonthier.

Analyse :

	(7)	(8)	(9)
Silice ... Alumine ...	11.00	65.00	60.00
Peroxyde de fer ...	74.50	31.90	37.60
Oxyde rouge de manganèse ...	—	0.60	traces
Chaux ...	1.20	—	—
Magnésie ...	—	—	—
Acide sulfurique ...	0.10	traces	traces
Acide phosphorique ...	0.66	0.30	0.30
Perte par calcination ...	12.30	2.00	1.60
Total ...	99.76	99.80	99.50

Nom de la personne qui a fait l'envoi : M. Richard.

Date de l'analyse : août 1872.

DÉPARTEMENT DE LA MEURTHE.

NOMBRE DES ÉCHANTILLONS ANALYSÉS : **166.**

MINERAIS DE FER.

Nature : Minerai oolithique.

Provenance : Arrondissement de Nancy. — Canton et commune de Nancy. — Boudonville.

Analyse :

	(1)	(2)	(3)	(4)	(5)	(6)	(7)
Silice	14.00	6.40	19.20	14.20	13.00	18.40	8.80
Alumine	11.00	7.32	7.66	9.90	13.04	10.04	8.13
Peroxyde de fer	58.00	63.43	45.98	55.78	55.05	54.68	59.96
Oxyde rouge de manganèse	—	—	—	—	—	—	—
Chaux	0.30	3.66	6.66	2.00	3.00	2.00	5.66
Magnésie	traces	0.66	1.33	1.00	0.66	0.54	0.50
Acide sulfurique	0.20	0.05	0.02	0.02	0.03	0.01	0.02
Acide phosphorique	0.30	0.51	2.72	0.77	0.64	0.64	0.77
Perte par calcination	16.00	17.33	16.00	16.33	13.66	13.66	15.66
Total	99.80	99.36	99.57	100 00	99.08	99.97	99.50

Nom de la personne qui a fait l'envoi : M. Braconnier.

Date de l'analyse : mars 1871.

MINERAIS DE FER.

Nature : Minerai oolithique.

Provenance : Arrondissement de Nancy.— Canton et commune de Nancy : Boudonville (8 à 12), Buthegnemont-Saint-René (13, 14).

Analyse :

	(8)	(9)	(10)	(11)	(12)	(13)	(14)
Silice	6.66	11.80	18.40	14.60	24.00	29.00	11.30
Alumine	5.02	8.95	10.60	9.73	10.00	11.60	8.63
Peroxyde de fer	72.39	50.66	54.32	56.14	49.09	44.02	55.07
Oxyde rouge de manganèse	—	—	—	—	—	—	—
Chaux	0.66	6.66	1.00	2.33	1.66	1.00	13.00
Magnésie	0.05	1.60	0.66	1.66	0.50	0.33	0.60
Acide sulfurique	0.05	0.02	0.02	0.03	0.01	0.05	0.06
Acide phosphorique	0.42	0.25	0.45	0.29	0.39	0.13	0.06
Perte par calcination	14.33	20.00	14.33	15.00	14.33	13.30	11.00
Total	99.58	99.94	99.78	99.78	99.98	99.43	99.72

Nom de la personne qui a fait l'envoi : M. Braconnier.

Date de l'analyse : (8 à 12) mars 1871. — (13, 14) mai 1870.

MINERAIS DE FER.

Nature : Minerai oolithique.

Provenance : Arrondissement et canton de Nancy. — Commune de Bouxières-aux-Dames.

Analyse :

	(15)	(16)	(17)	(18)	(19)	(20)
Silice / Alumine	9.07	7.33	5.00	9.33	27.67	26.67
Peroxyde de fer	62.33	66.67	52.67	68.33	53.67	55.33
Oxyde rouge de manganèse	—	—	—	—	—	—
Chaux	8.67	7.00	20.33	5.33	3.67	2.67
Magnésie	—	—	—	—	—	—
Acide sulfurique	0.30	0.20	—	traces	—	traces
Acide phosphorique	0.30	0.10	0.20	0.20	0.20	0.25
Perte par calcination	19.00	18.33	21.67	16.67	14.33	14.67
Total	99.67	99.63	99.87	99.86	99.54	99.59

Nom de la personne qui a fait l'envoi : M. Grandjean.

Date de l'analyse : juin 1868.

MINERAIS DE FER.

Nature : Minerai oolithique.

Provenance : Arrondissement et canton de Nancy. — Commune de Bouxières-aux-Dames.

Analyse :

	(21)	(22)	(23)	(24)	(25)	(26)
Silice	12.00	4.80	4.60	4.20	12.00	12.60
Alumine	2.00	5.00	2.00	2.66	7.22	7.60
Peroxyde de fer	48.33	60.83	57.77	61.33	34.44	50.56
Oxyde rouge de manganèse	—	—	—	—	—	—
Chaux	15.33	9.00	13.33	11.60	19.66	7.60
Magnésie	0.66	0.33	1.66	0.33	0.66	0.40
Acide sulfurique	0.17	0.06	0.06	0.03	0.14	0.05
Acide phosphorique	1.18	0.10	0.22	0.29	0.76	0.36
Perte par calcination	20.33	19.33	20.33	18.66	24.33	20.60
Total	100.00	99.45	99.97	99.10	99.21	99.77

Nom de la personne qui a fait l'envoi : (21 à 25) M. Braconnier. — (26) M. Jamin.

Date de l'analyse : (21 à 25) mars 1871. — (26) décembre 1875.

MINERAIS DE FER.

Nature : Minerai oolithique.

Provenance : Arrondissement de Nancy. — Canton de Nancy. — Commune de Champigneules.

Analyse :

	(27)	(28)	(29)	(30)	(31)
Silice	17.84	28.00	32.33	6.40	9.60
Alumine	11.82	2.00	2.00	3.50	4.33
Peroxyde de fer	51.64	50.54	41.66	39.73	62.33
Oxyde rouge de manganèse	—	—	—	—	—
Chaux	2.00	2.00	5.00	24.00	5.67
Magnésie	1.00	1.00	1.50	0.66	—
Acide sulfurique	0.15	0.15	0.11	0.10	traces
Acide phosphorique	0.23	0.42	1.03	0.24	0.30
Perte par calcination	15.00	15.00	16.00	25.33	17.67
Total	99.68	99.11	99.63	99.96	99.90

Nom de la personne qui a fait l'envoi : (27 à 30) M. Braconnier. — (31) M. Barbe.

Date de l'analyse : (27 à 30) mars 1871. — (31) mai 1868.

MINERAIS DE FER.

Nature : Minerai oolithique.

Provenance : Arrondissement de Nancy. — Canton de Nancy. — Commune de Champigneules.

Analyse :

	(32)	(33)	(34)	(35)	(36)
Silice	18.40	18.00	23.30	9.60	10.60
Alumine	13.10	13.00	16.16	6.80	7.30
Peroxyde de fer	39.18	47.30	49.60	51.30	53.40
Oxyde rouge de manganèse	—	—	—	—	—
Chaux	13.00	6.00	2.60	12.00	8.30
Magnésie	0.40	0.30	0.25	traces	0.30
Acide sulfurique	0.07	0.11	traces	0.03	traces
Acide phosphorique	0.20	0.25	0.28	0.20	0.38
Perte par calcination	15.60	15.00	7.60	20.00	19.60
Total	99.95	99.96	99.79	99.93	99.88

Nom de la personne qui a fait l'envoi : M. Barbe.

Date de l'analyse : novembre 1874.

MINERAIS DE FER.

Nature: Minerai oolithique.

Provenance : Arrondissement et canton de Nancy. — Commune de Chavigny.

Analyse :

	(37)	(38)	(39)	(40)	(41)	(42)	(43)
Silice / Alumine	29.60	17.60	6.30	5.00	5.30	11.30	14.00
Peroxyde de fer	47.00	57.40	65.70	50.30	67.30	61.00	65.00
Oxyde rouge de manganèse	—	—	—	—	—	—	—
Chaux	6.00	6.70	7.70	19.00	7.30	7.70	5.00
Magnésie	0.30	0.70	0.70	1.00	0.70	0.30	0.30
Acide sulfurique	—	—	—	—	—	—	—
Acide phosphorique	0.30	0.50	0.30	0.45	0.30	0.50	0.50
Perte par calcination	16.30	17 00	19.30	24.00	19.00	19.00	15.00
Total	99.50	99.90	100.00	99.75	99.90	99.80	99.80

Nom de la personne qui a fait l'envoi: M. Barbe.

Date de l'analyse : avril 1870.

MINERAIS DE FER.

Nature : Minerai oolithique.

Provenance : Arrondissement et canton de Nancy. — Commune de Chavigny.

Analyse :

	(44)	(45)	(46)	(47)
Silice / Alumine	26.00	9.30	20.30	19.00
Peroxyde de fer	55.00	61.30	57.00	64.00
Oxyde rouge de manganèse	—	—	—	—
Chaux	3.00	9.30	7.30	2.00
Magnésie	0.30	0.10	0.10	0.60
Acide sulfurique	traces	traces	0.06	traces
Acide phosphorique	0.30	0.30	1.60	1.30
Perte par calcination	15.30	19.00	13.60	13.00
Total	99.90	99.30	99.96	99.90

Nom de la personne qui a fait l'envoi : M. Barbe.

Date de l'analyse : juillet 1869.

MINERAIS DE FER.

Nature : Minerai oolithique.

Provenance : Arrondissement et canton de Nancy. — Comm. de Custine (48); de Frouard (49, 50); de Jarville (51); de Vandœuvre (52).

Analyse :

	(48)	(49)	(50)	(51)	(52)
Silice....... Alumine.......	16.00	15.60	21.00	20.33	20.60
Peroxyde de fer.......	63.40	36.60	55.33	60.33	55.00
Oxyde rouge de manganèse....	—	—	—	—	—
Chaux.......	3.60	21.60	5.67	3.00	7.60
Magnésie.......	0.60	0.60	—	—	0.30
Acide sulfurique.......	traces	0.10	traces	0.30	traces
Acide phosphorique.......	0.20	0.10	0.30	1.00	0.30
Perte par calcination.......	16.00	25.30	17.67	14.67	16.00
Total......	99.80	99.90	99.97	99.63	99.80

Nom de la personne qui a fait l'envoi : (48, 52) M. Barbe. — (49) M. Masson. — (51) M. Leclerq. — (50) M. Demanet.

Date de l'analyse : (48, 52) juillet 1869. — (49) octobre 1869. — (51) août 1868. — (50) mai 1868.

MINERAIS DE FER.

Nature : Minerai oolithique.

Provenance : Arrondissement de Nancy. — Canton de Nancy. — Commune de Laxou.

Analyse :

	(53)	(54)	(55)	(56)	(57)	(58)
Silice.......	15.33	19.00	25.16	7.33	17.80	20.60
Alumine.......			12.20	5.14	9.20	7.00
Peroxyde de fer.......	68.00	66.60	58.00	72.40	56.80	56.30
Oxyde rouge de manganèse....	—	1.00	—	—	—	—
Chaux.......	3.33	—	1.00	1.00	traces	2.00
Magnésie.......	—	—	traces	traces	0.60	traces
Acide sulfurique.......	0.30	0.13	traces	traces	traces	traces
Acide phosphorique.......	0.20	0.45	0.23	0.19	0.08	0.06
Perte par calcination.......	12.67	12.60	13.30	13.60	15.30	13.00
Total......	99.83	99.78	99.89	99.66	99.78	99.56

Nom de la personne qui a fait l'envoi : (53, 54) M. Diétrich. — (55 à 58) M. Braconnier.

Date de l'analyse : (53, 54) juillet 1869. — (55 à 58) avril 1870.

MINERAIS DE FER.

Nature : Minerai oolithique.

Provenance : Arrondissement et canton de Nancy. — Commune de Laxou.

Analyse :

	(59)	(60)	(61)	(62)	(63)	(64)	(65)
Silice	11.00	15.30	5.00	8.30	5.60	7.30	16.60
Alumine	6.50	8.20	8.80	9.03	16.10	15.10	16.00
Peroxyde de fer	65.80	51.10	65.50	65.50	54.60	62.90	52.00
Oxyde rouge de manganèse	—	—	—	—	—	—	—
Chaux	2.60	8.30	5.00	2.60	8.00	1.00	1.60
Magnésie	traces	0.41	traces	traces	traces	traces	traces
Acide sulfurique	1.00	traces	0.60	traces	traces	traces	0.30
Acide phosphorique	0.32	1.66	0.05	0.07	0.06	0.06	0.09
Perte par calcination	12.60	14.30	15.00	13.60	15.60	13.30	13.30
Total	99.82	99.27	99.95	99.10	99.96	99.66	99.89

Nom de la personne qui a fait l'envoi : M. Braconnier.

Date de l'analyse : avril 1870.

MINERAIS DE FER.

Nature : Minerai oolithique.

Provenance : Arrondissement et canton de Nancy. — Commune de Laxou. — Maréville.

Analyse :

	(66)	(67)	(68)	(69)
Silice	19.60	8.60	19.60	9.00
Alumine	10.28	7.40	14.39	6.80
Peroxyde de fer	44.62	63.00	44.29	62.43
Oxyde rouge de manganèse	—	—	—	—
Chaux	6.00	4.60	3.33	4.80
Magnésie	0.60	0.60	0.30	0.60
Acide sulfurique	0.03	0.06	0.03	0.06
Acide phosphorique	0.26	0.13	0.19	0.12
Perte par calcination	18.60	15.00	15.30	16.00
Total	99.99	99.39	99.43	99.79

Nom de la personne qui a fait l'envoi : M. Braconnier.

Date de l'analyse : mai 1870.

MINERAIS DE FER.

Nature : Minerai oolithique.

Provenance : Arrondissement et canton de Nancy. — Communes de Ludres (70 à 73), de Lay-Saint-Christophe (74 à 76).

Analyse :

	(70)	(71)	(72)	(73)	(74)	(75)	(76)
Silice	4.33	24.33	8.00	10.57	5.00	22.00	13.60
Alumine					13.00	15.00	11.40
Peroxyde de fer	46.67	50.33	65.67	62.00	46.60	40.50	54.14
Oxyde rouge de manganèse	—	—	—	—	—	—	—
Chaux	22.33	9.67	8.67	10.33	13.00	1.00	2.66
Magnésie	—	—	—	—	traces	traces	0.66
Acide sulfurique	traces	0.20	traces	0.10	—	traces	0.01
Acide phosphorique	0.20	0.30	0.30	0.30	0.30	0.50	0.32
Perte par calcination	26.33	15.00	17.00	16.67	24.00	21.00	16.33
Total	99.86	99.83	99.64	99.97	99.90	100.00	99.12

Nom de la personne qui a fait l'envoi : M. Barbe.

Date de l'analyse : (70 à 73) janvier 1869. — (74 à 76) avril 1870.

MINERAIS DE FER.

Nature : Minerai oolithique.

Provenance : Arrondissement de Nancy. — Canton de Nancy. — Commune de Marbache.

Analyse :

	(77)	(78)	(79)	(80)
Silice / Alumine	5.30	19.30	18.30	17.00
Peroxyde de fer	69.60	63.00	60.60	65.00
Oxyde rouge de manganèse	—	—	—	—
Chaux	3.00	1.80	3.30	2.00
Magnésie	4.00	2.00	2.30	1.60
Acide sulfurique	—	—	—	—
Acide phosphorique	0.40	0.30	0.35	0.35
Perte par calcination	17.50	13.50	15.00	13.30
Total	99.80	99.90	99.85	99.25

Nom de la personne qui a fait l'envoi : M. Gambaro.

Date de l'analyse : mars 1859.

MINERAIS DE FER.

Nature : Minerai oolithique.

Provenance : Arrondissement de Nancy. — Canton de Nancy. — Commune de Marbache.

Analyse :

	(81)	(82)	(83)	(84)	(85)	(86)	(87)
Silice	23.00	16.06	34.33	10.00	12.00	5.66	16.00
Alumine	12.19	11.40	13.71	10.43	12.35	13.38	9.53
Peroxyde de fer	38.51	50.33	27.09	43.08	37.19	62.76	52.76
Oxyde rouge de manganèse	—	—	—	—	—	—	—
Chaux	9.00	4.00	7.66	14.33	15.00	6.00	4.00
Magnésie	traces	1.66	0.66	0.66	1.33	1.66	0.30
Acide sulfurique	0.02	0.05	traces	traces	traces	0.03	0.46
Acide phosphorique	0.32	0.05	0.16	0.02	0.06	0.02	2.25
Perte par calcination	16.33	16.00	15.66	21.33	22.00	20.00	14.00
Total	99.37	99.55	99.27	99.85	99.93	99.51	99.30

Nom de la personne qui a fait l'envoi : M. Braconnier.

Date de l'analyse : août 1870.

MINERAIS DE FER.

Nature : Minerai oolithique.

Provenance : Arrondissement de Nancy. — Canton de Nancy. — Commune de Pompey (88, 89); l'Avant-Garde (90 à 94).

Analyse :

	(88)	(89)	(90)	(91)	(92)	(93)	(94)
Silice	5.60	15.60	26.00	19.60	7.60	5.40	12.00
Alumine	7.44	11.50	14.42	18.34	15.12	12.30	11.29
Peroxyde de fer	51.66	55.00	40.18	36.66	51.08	57.58	41.11
Oxyde de manganèse	—	—	—	—	—	—	—
Chaux	14.30	1.60	3.60	7.60	6.00	5.60	13.30
Magnésie	0.30	0.30	0.60	0.30	0.60	0.60	0.60
Acide sulfurique	0.06	0.05	0.24	0.41	0.07	0.07	0.63
Acide phosphorique	0.12	0.45	0.51	2.56	0.23	0.20	1.60
Perte par calcination	20.00	15.30	13.60	14.00	19.30	18.20	19.30
Total	99.48	99.80	99.15	99.47	100.00	99.95	99.83

Nom de la personne qui a fait l'envoi : M. Braconnier.

Date de l'analyse : mai 1870.

MINERAIS DE FER.

Nature : Minerai oolithique.

Provenance : Arrondissement de Toul. — Canton de Domèvre-en-Haye. — Forêt de Haye.

Analyse :

	(95)	(96)	(97)	(98)	(99)
Silice	25.30	58.00	14.00	10.60	17.60
Alumine	19.90	28.00	5.70	8.00	10.60
Peroxyde de fer	36.54	4.73	61.00	39.38	53.00
Oxyde rouge de manganèse	—	—	—	—	—
Chaux	8.60	1.00	5.00	17.00	3.00
Magnésie	0.30	traces	1.00	0.60	0.25
Acide sulfurique	0.12	traces	0.14	traces	traces
Acide phosphorique	0.20	traces	0.08	0.30	0.40
Perte par calcination	9.00	8.00	13.00	24.00	15.00
Total	99.96	99.73	99.92	99.88	99.85

Nom de la personne qui a fait l'envoi : M. Barbe.

Date de l'analyse : novembre 1874.

MINERAIS DE FER.

Nature : Minerai oolithique.

Provenance : Arrondissement de Toul. — Canton de Domèvre-en-Haye. — Commune de Liverdun.

Analyse :

	(100)	(101)	(102)	(103)	(104)	(105)	(106)
Silice / Alumine	24.33	18.00	30.33	19.00	11.33	33.33	27.00
Peroxyde de fer	56.00	57.33	48.50	48.00	60.00	51.00	51.00
Oxyde rouge de manganèse	—	—	—	—	—	—	—
Chaux	2.66	6.00	5.00	10.00	8.00	traces	5.33
Magnésie	—	—	—	—	—	—	—
Acide sulfurique	1.00	0.33	0.10	0.66	0.66	0.50	1.00
Acide phosphorique	1.00	1.20	0.66	0.33	1.00	0.80	1.50
Perte par calcination	15.00	16.00	15.33	22.00	19.00	14.00	14.00
Total	99.99	99.86	99.92	99.99	99.99	99.63	99.83

Nom de la personne qui a fait l'envoi : M. Bails.

Date de l'analyse : mai 1868.

MINERAIS DE FER.

Nature : Minerai oolithique.

Provenance : Arrondissement de Toul. — Canton de Domèvre-en-Haye. — Commune de Liverdun.

Analyse :

	(107)	(108)	(109)	(110)	(111)	(112)	(113)	(114)
Silice / Alumine	23.00	10.60	9.00	21.00	9.00	15.00	17.00	15.00
Peroxyde de fer	54.00	60.00	69.00	49.00	52.00	66.60	65.60	66.30
Oxyde rouge de manganèse	—	—	—	—	—	—	—	—
Chaux	4.00	8.00	3.00	9.00	15.00	1.60	1.00	1.00
Magnésie	0.60	0.30	traces	0.50	traces	traces	traces	traces
Acide phosphorique	traces	traces	—	—	traces	—	traces	traces
Acide sulfurique	0.30	1.00	0.60	0.40	0.50	0.20	0.20	0.30
Perte par calcination	18.00	20.00	18.30	20.00	23.50	16.60	16.00	17.30
Total	99.90	99.90	99.90	99.90	100.00	100.00	99.80	99.90

Nom de la personne qui a fait l'envoi : M. Barbe.

Date de l'analyse : avril 1870.

MINERAIS DE FER.

Nature : Minerai oolithique.

Provenance : Arrondissement de Toul. — Canton de Domèvre-en-Haye. — Commune de Liverdun.

Analyse :

	(115)	(116)	(117)	(118)	(119)	(120)	(121)
Silice	20.00	16.00	10.33	18.00	10.00	11.40	13.20
Alumine				8.70	4.60	5.05	7.26
Peroxyde de fer	60.00	64.00	60.67	43.70	37.67	38.15	30.00
Oxyde rouge de manganèse	—	—	—	—	—	—	—
Chaux	2.00	2.60	10.33	8.60	18.60	17.60	20.00
Magnésie	traces	traces	1.00	2.00	3.00	2.60	3.30
Acide sulfurique	traces	traces	0.20	0.12	0.14	0.12	0.14
Acide phosphorique	1.00	1.30	1.00	1.36	1.28	1.28	0.80
Perte par calcination	17.00	16.00	16.33	17.50	24.30	23.60	25.00
Total	100.00	99.90	99.86	99.98	99.59	99.80	99.70

Nom de la personne qui a fait l'envoi : M. Barbe.

Date de l'analyse : (115 à 117) avril 1870. — (118 à 121) février 1873.

MINERAIS DE FER.

Nature : Minerai oolithique.

Provenance : Arrondissement de Toul. — Canton de Domèvre-en-Haye. — Commune de Liverdun

Analyse :

	(122)	(123)	(124)	(125)	(126)	(127)	(128)	(129)
Silice	30.00	18.00	28.30	16.00	23.00	4.00	28.00	14.00
Alumine	20.60	11.30	20.00	12.00	16.30	2.16	15.05	8.00
Peroxyde de fer	28.44	45.41	28.60	49.72	33.54	45.42	33.00	55 68
Oxyde rouge de manganèse	—	—	—	—	—	—	—	—
Chaux	8 50	7.60	6.60	6.00	10.30	27.60	9.00	3.60
Magnésie	0.50	traces	0.50	0.20	0.60	0.40	0.33	0.30
Acide sulfurique	0.13	0.07	0.04	0.07	0.04	traces	0.10	0.10
Acide phosphorique	0.18	0.06	0.15	0.36	0.40	0.30	0.18	0.10
Perte par calcination	11.60	17.30	15.60	15.30	15.30	20.00	14.00	18.00
Total	99.95	99.74	99.79	99.65	99.48	99 88	99.66	99.78

Nom de la personne qui a fait l'envoi : M. Barbet.

Date de l'analyse : novembre 1874.

MINERAIS DE FER.

Nature : Minerai oolithique.

Provenance : Arrondissement de Toul. — Canton de Domèvre-en-Haye. — Commune de Liverdun. — Voiletriche.

Analyse :

	(130)	(131)	(132)	(133)	(134)
Silice / Alumine	24.60	25.20	30.30	18.00	29.30
Peroxyde de fer	40.60	55.00	48.00	60.00	45.60
Oxyde rouge de manganèse	—	—	—	—	—
Chaux	8.60	4.00	5.00	4.00	6.60
Magnésie	0.90	0.60	0.60	0.60	0.60
Acide sulfurique	0.10	0.10	0.30	traces	traces
Acide phosphorique	1.00	1.00	0.60	0.60	0.50
Perte par calcination	14.00	14.00	15.00	16.60	17.00
Total	99.80	99.90	99.80	99.80	99.60

Nom de la personne qui a fait l'envoi : M. Barbe.

Date de l'analyse : avril 1870.

MINERAIS DE FER.

Nature : Minerai oolithique.

Provenance : Arrondissement de Toul. — Canton de Domèvre-en-Haye. — Commune de Liverdun.— Voiletriche.

Analyse :

	(135)	(136)	(137)	(138)	(139)
Silice / Alumine	29.00	35.00	30.00	20.00	17.60
Peroxyde de fer	52.40	44.60	53.00	62.00	65.00
Oxyde rouge de manganèse	—	—	—	—	—
Chaux	1.00	3.60	0.60	1.60	3.00
Magnésie	0.60	0.30	1.00	traces	traces
Acide sulfurique	traces	traces	—	traces	—
Acide phosphorique	0.50	0.30	0.30	0.50	0.50
Perte par calcination	16.30	16.00	15.00	15.60	13.80
Total	99.80	99.80	99.90	99.70	99.90

Nom de la personne qui a fait l'envoi : M. Barbe.

Date de l'analyse : avril 1870.

MINERAIS DE FER.

Nature : Minerai oolithique.

Provenance : Arrondissement de Toul. — Canton de Domèvre-en-Haye. — Commune de Liverdun. — Voiletriche.

Analyse :

	(140)	(141)	(142)	(143)	(144)	(145)	(146)	(147)
Silice	18.40	15.80	16.00	20.30	16.30	16.60	6.60	14.60
Alumine	11.20	9.88	10.00	11.70	8.25	10.70	3.60	9.20
Peroxyde de fer	51.90	50.00	50.30	49.60	50.95	53.00	36.92	56.30
Oxyde rouge de manganèse	—	—	—	—	—	—	—	—
Chaux	1.60	5.60	6.00	2.50	5.30	2.30	25.30	3.00
Magnésie	0.60	1.10	0.30	0.15	0.30	1.20	1.30	1.30
Acide sulfurique	0.03	traces	traces	0.10	0.12	0.05	0.15	0.05
Acide phosphorique	0.80	0.92	0.40	0.30	1.10	0.90	1.85	0.60
Perte par calcination	15.00	16.60	17.00	15.30	17.30	14.60	24.00	14.60
Total	99.53	99.90	100.00	99.95	99.62	99.35	99.72	99.65

Nom de la personne qui a fait l'envoi : M. Dupuis.

Date de l'analyse : mars 1874.

MINERAIS DE FER.

Nature : Minerai oolithique.

Provenance : Arrondissement de Toul. — Canton de Domèvre-en-Haye. — Commune de Liverdun. — Hazotte.

Analyse :	(148)	(149)	(150)	(151)	(152)	(153)	(154)	(155)
Silice	14.00	13.00	10.00	10.00	15.40	13.00	14.00	14.00
Alumine	10.40	8.30	5.60	6.00	10.00	9.60	7.60	6.00
Peroxyde de fer	50.50	52.14	39.50	50.30	47.40	48.80	50.00	58.30
Oxyde rouge de manganèse	—	—	—	—	—	—	—	—
Chaux	6.60	6.80	18.90	12.60	7.30	6.60	7.00	5.60
Magnésie	0.60	0.50	1.80	0.70	0.80	0.50	0.30	1.60
Acide sulfurique	0.13	0.16	0.15	0.10	0.12	0.15	0.08	0.12
Acide phosphorique	0.20	0.45	0.66	0.20	0.19	0.50	0.60	0.80
Perte par calcination	17.30	18.60	23.00	20.00	18.60	20.60	18.00	13.00
Total	99.73	99.95	99.61	99.90	99.81	99.75	99.58	99.43

Nom de la personne qui a fait l'envoi : M. Dupuis.

Date de l'analyse : octobre 1873.

MINERAIS DE FER.

Nature : Minerai oolithique.

Provenance : Arrondissement de Toul. — Canton de Domèvre-en-Haye. — Commune de Liverdun. — Hazotte.

Analyse :	(156)	(157)	(158)	(159)	(160)	(161)	(162)
Silice	7.66	16.66	13.00	12.66	18.66	14.00	6.33
Alumine	9.93	12.33	9.89	10.88	13.43	10.23	8 48
Peroxyde de fer	52.77	48.70	44.44	51.00	40.11	42.59	57.67
Oxyde rouge de manganèse	—	—	—	—	—	—	—
Chaux	10.00	5.33	13.00	7.10	6.33	12.00	8.33
Magnésie	0.33	0.66	0.33	0.10	1.66	0 20	0.66
Acide sulfurique	0.02	0.09	0.02	0.02	0.17	0.02	0.03
Acide phosphorique	0.12	0.42	0.22	0.33	0.29	0.32	0.16
Perte par calcination	18.33	15.33	18.33	17.66	17.66	20.33	18.33
Total	99.16	99.52	99.23	99.75	99.31	99.69	99.99

Nom de la personne qui a fait l'envoi : M. Braconnier.

Date de l'analyse : avril 1870.

MINERAIS DE FER.

Nature : Minerai oolithique.

Provenance : Arrondissement de Toul. — Canton de Domèvre-en-Haye. — Commune de Liverdun. Croizette.

Analyse :

	(163)	(164)	(165)	(166)
Silice	17.33	10.00	11.33	21.00
Alumine	11.12	11.55	15.20	19.02
Peroxyde de fer	51.85	31.70	50.00	39.88
Oxyde rouge de manganèse	—	—	—	—
Chaux	3.00	21.00	5.66	3.00
Magnésie	1.60	1.00	1.60	1.66
Acide sulfurique	0.03	0.08	0.04	0.35
Acide phosphorique	0.03	0.28	0.03	0.10
Perte par calcination	15.00	24.30	16.00	14.33
Total	99.96	99.91	99.86	99.34

Nom de la personne qui a fait l'envoi : M. Braconnier.

Date de l'analyse : avril 1870.

DÉPARTEMENT DE LA MEUSE.

NOMBRE DES ÉCHANTILLONS ANALYSÉS : **11.**

MINERAIS DE FER.

Nature : Minerai oolithique (1, 2). Fer oxydé hydraté (3 à 6).

Provenance : Arrondissement de Bar-le-Duc. — Canton de Montiers-s.-Saulx.— Communes de Montiers (1, 2), Villers-le-Sec (3 à 6).

Analyse :	(1)	(2)	(3)	(4)	(5)	(6)
Silice / Alumine	30.00	42.30	50.60	40.00	28.00	14.33
Peroxyde de fer	54.00	45.30	34.60	38.60	55.00	68.00
Oxyde rouge de manganèse	—	—	—	—	—	—
Chaux	—	—	4.00	4.30	4.00	1.00
Magnésie	—	—	—	—	—	—
Acide sulfurique	—	—	0.40	0.60	0.20	0.50
Acide phosphorique	0.30	0.30	0.20	0.30	0.20	1.00
Perte par calcination	15.30	12.00	10.00	16.00	12.00	15.00
Total	99.60	99.90	99.80	99.80	99.40	99.83

Nom de la personne qui a fait l'envoi : (1) M. Baudry. — (2) M. Vivaux. — (3 à 6) M. Marque-Dormoy.

Date de l'analyse : (1) mars 1861. — (2) juillet 1861. — (3 à 6) octobre 1861.

MINERAIS DE FER.

Nature : Minerai oolithique.

Provenance : Arrondissement de Bar-le-Duc. { Canton de Montiers-s.-Saulx. — Commune d'Hévillers (7 à 9). Canton de Ligny-en-Barrois. — Commune de Longeaux (10). } Arrondissement de Verdun. — Canton et commune de Varennes-en-Argonne (11).

Analyse :	(7)	(8)	(9)	(10)	(11)
Silice	30.00 (Silice et Alumine)	28.80	29.60	12.00 (Silice et Alumine)	64.30
Alumine		9.49	20.10		
Peroxyde de fer	54.00	47.70	35.80	72.00	30.00
Oxyde rouge de manganèse	—	—	—	—	—
Chaux	3.90	traces	0.60	3.30	—
Magnésie	—	traces.	1.00	—	—
Acide sulfurique	0.40	0.21	0.05	0.30	—
Acide phosphorique	0.20	0.29	0.40	0.10	0.30
Perte par calcination	11.30	13.00	12.30	12.00	5.00
Total	99.80	99.49	99.85	99.70	99.60

Nom de la personne qui a fait l'envoi : (7 à 9) M. Denonvillers. — (10) M. Marque-Dormoy. — (11) MM. Salmon et Lasson.

Date de l'analyse : (7, 8) octobre 1861. — (9) décembre 1871. — (10) juillet 1877. — (11) septembre 1876.

DÉPARTEMENT DU MORBIHAN.

NOMBRE DES ÉCHANTILLONS ANALYSÉS : 4.

MINERAIS DE FER.

Nature : Hématite brune.

Provenance : Arrondissement de Vannes. { Canton de Rochefort-en-Terre. — Malansac (1). — Kérador (2). Canton d'Allaire. — Ville-Méhant (3). — La Souallaye-en-Béganne (4).

Analyse :

	(1)	(2)	(3)	(4)
Silice	26.66	8.00	9.66	10.00
Alumine			4.58	5.00
Peroxyde de fer	69.00	76.30	74.32	74.50
Oxyde rouge de manganèse	—	1.00	traces	—
Chaux	—	—	0.20	traces
Magnésie	—	—	0.15	traces
Acide sulfurique	traces	—	traces	—
Acide phosphorique	0.66	0.30	0.17	0.20
Perte par calcination	3.33	14.00	10.50	10.00
Cuivre	—	—	—	0.25
Total	99.65	99.60	99.58	99.95

Nom de la personne qui a fait l'envoi : (1) M. de Morsan. — (2) M. Prévost. — (3) M. Bussy. — (4) M. Despecher.

Date de l'analyse : (1) juin 1864. — (2) avril 1867. — (3) janvier 1872. — (4) février 1875.

DÉPARTEMENT DE LA MOSELLE.

NOMBRE DES ÉCHANTILLONS ANALYSÉS : **110.**

MINERAIS DE FER.

Nature : Minerai **oolithique.**

Provenance : Arrondissement de Briey. { Canton de Briey. — Communes de Briey (1, 2), de Pierrevillers (3). Canton de Longuyon. — Commune de Charency (4, 5).

Analyse :

	(1)	(2)	(3)	(4)	(5)
Silice / Alumine	20.00	10.00	38.00	16.00	20.00
Peroxyde de fer	58.31	71.66	37.50	71.00	40.55
Oxyde rouge de manganèse	—	—	—	—	—
Chaux	5.60	2.66	6.50	1.50	10.70
Magnésie	—	—	1.05	—	—
Acide sulfurique	0.12	0.50	0.50	0.66	0.30
Acide phosphorique	0.80	0.30	1.00	0.30	0.30
Perte par calcination	15.00	14.50	15.00	10.33	28.00
Total	99.83	99.62	99.55	99.79	99.85

Nom de la personne qui a fait l'envoi : (1, 2) M. Dubois. — (3) M. Chapron. — (4, 5) M. Callon.

Date de l'analyse : (1, 2) septembre 1873. — (3) février 1859. — (4, 5) décembre 1866.

MINERAIS DE FER.

Nature : Minerai **oolithique.**

Provenance : **Arrondissement** de Briey. — Canton et commune de Longwy.

Analyse :

	(6)	(7)	(8)	(9)	(10)	(11)	(12)	(13)
Silice / Alumine	10.00	11.33	10.00	16.00	42.00	20.50	13.30	20.60
Peroxyde de fer	71.66	59.33	42.30	65.00	43.00	56.00	67.60	52.30
Oxyde rouge de manganèse	—	—	—	—	—	—	—	—
Chaux	2.66	10.66	23.60	3.30	2.00	5.20	1.00	8.00
Magnésie	—	—	—	traces	0.05	traces	traces	traces
Acide sulfurique	0.50	0.50	0.40	—	—	0.50	0.60	0.60
Acide phosphorique	0.30	0.20	1.00	0.60	traces	0.50	0.40	0.40
Perte par calcination	14.50	17.30	22.50	15.00	12.60	17.30	17.00	18.00
Total	99.62	99.32	99.80	99.90	99.90	99.80	99.90	99.90

Nom de la personne qui a fait l'envoi : (6 à 8) M. d'Aldeswward. — (9) M. d'Huart. — (10 à 13) M. Boutmy.

Date de l'analyse : (6 à 8) octobre 1864. — (9) août 1863. — (10 à 13) août 1865.

MINERAIS DE FER.

Nature : Minerai oolithique.

Provenance : Arrondissement de Briey. — Canton et commune de Longwy. — Longlaville (14, 15). — Lavaux (16 à 18).

Analyse :

	(14)	(15)	(16)	(17)	(18)
Silice .... / Alumine	20.67	10.67	11.33	12.33	13.00
Peroxyde de fer	58.67	67.33	65.67	68.67	66.00
Oxyde rouge de manganèse....	—	—	—	—	—
Chaux......................	4.33	4.67	6.00	3.07	5.00
Magnésie	—	—	—	—	—
Acide sulfurique	0.60	0.20	0.20	0.33	0.20
Acide phosphorique...........	1.00	1.00	0.60	0.60	1.00
Perte par calcination....	14.67	15.67	16.00	15.00	14.66
Total......	99.94	99.54	99.80	100.00	99.86

Nom de la personne qui a fait l'envoi : M. Demanet.

Date de l'analyse : (14, 15) mai 1868. — (16 à 18) août 1868.

MINERAIS DE FER.

Nature : Minerai oolithique.

Provenance : Arrondissement de Briey. — Canton de Longwy. — Commune de Mont-Saint-Martin.

Analyse :

	(19)	(20)	(21)	(22)	(23)	(24)	(25)	(26)	(27)
Silice .... / Alumine	12.66	11.00	24.66	18.00	18.00	20.67	22.33	17.00	8.33
Peroxyde de fer	58.00	58.66	62.00	56.00	68.00	66.60	56.33	54.67	6.00
Oxyde rouge de manganèse....	—	—	—	—	—	—	—	—	—
Chaux......................	9.33	10.00	traces	6.00	traces	1.67	4.60	8.67	9.67
Magnésie....................	traces	traces	traces	traces	0.50	traces	traces	traces	traces
Acide sulfurique..............	traces	0.33	0.20	0.20	0.50	0.60	0.20	0.20	0.30
Acide phosphorique...........	1 00	2.00	1.13	0.60	1.00	1.00	0.50	0.60	0.70
Perte par calcination.........	19.00	18.00	12.00	19.00	12.00	9.33	15.67	18.33	18 67
Total......	99.99	99.99	99.99	99.80	100.00	99.87	99.63	99.47	99.67

Nom de la personne qui a fait l'envoi : (19 à 23) MM. Labbé et Legendre. — (24 à 26) M. Demanet. — (27) M. Paquet.

Date de l'analyse : (19 à 23) juillet 1859. — (24 à 26) août 1868. — (27) mai 1868.

MINERAIS DE FER.

Nature : Minerai oolithique.

Provenance : Arrondissement de Briey. — Canton de Longwy. — Coulmy.

Analyse :

	(28)	(29)	(30)	(31)	(32)
Silice / Alumine	6.90	20.50	42.00	8.90	31.66
Peroxyde de fer	78.53	65.50	48.00	75.50	56.33
Oxyde rouge de manganèse	—	—	—	—	—
Chaux	traces	—	—	—	traces
Magnésie	traces	—	—	—	traces
Acide sulfurique	0.10	0.15	0.10	—	0.50
Acide phosphorique	1.00	1.00	1.00	0.66	1.50
Perte par calcination	13.40	12.50	8.60	14.80	9.90
Total	99.93	99.65	99.70	99.86	99.89

Nom de la personne qui a fait l'envoi : MM. Labbé et Legendre.

Date de l'analyse : juillet 1859.

MINERAIS DE FER.

Nature : Minerai oolithique.

Provenance : Arrondissement de Briey. — Canton de Longwy. — Commune de Russange.

Analyse :

	(33)	(34)	(35)	(36)	(37)
Silice / Alumine	12.00	12.00	12.00	25.00	29.00
Peroxyde de fer	56.30	60.50	57.00	50.66	49.90
Oxyde rouge de manganèse	—	—	—	—	—
Chaux	9.60	6.60	9.30	6.60	3.60
Magnésie	1.30	1.00	1.50	1.00	1.00
Acide sulfurique	0.10	0.20	0.10	0.10	0.06
Acide phosphorique	0.50	0.60	0.50	0.60	0.60
Perte par calcination	20.00	19.00	19.30	16.00	15.60
Total	99.80	99.90	99 70	99.96	99.76

Nom de la personne qui a fait l'envoi : (33 à 35) M. Caillet. — (36, 37) M. Coquelle.

Date de l'analyse : (33 à 35) août 1867. — (36, 37) mars 1869.

MINERAIS DE FER.

Nature : Minerai oolithique.

Provenance : Arrondissement de Briey.— Canton de Longwy. — Commune de Villerupt.

Analyse :

	(38)	(39)	(40)	(41)	(42)	(43)	(44)
Silice / Alumine	12.60	20.00	14.30	20.60	20.00	30.30	17.66 / 12.15
Peroxyde de fer	47.30	50.30	61.00	94.00	59.00	51.00	53.85
Oxyde rouge de manganèse	—	—	—	—	—	—	—
Chaux	15.50	9.00	3.60	10.60	4.00	5.60	1.66
Magnésie	0.90	0.50	0.60	0.30	0.30	1.00	0.33
Acide sulfurique	0.10	0.10	0.10	0.10	0.06	0.10	0.20
Acide phosphorique	1.00	1.00	0.60	1.20	0.60	1.00	1.00
Perte par calcination	22.60	19.00	19.60	22.60	16.00	10.30	13.00
Total	100.00	99.90	99.80	99.40	99.96	99.30	99.85

Nom de la personne qui a fait l'envoi : (38 à 43) M. André. — (44) M. Gruner.

Date de l'analyse : (38 à 40) mars 1869. — (41 à 43) octobre 1869. — (44) janvier 1870.

MINERAIS DE FER.

Nature : Minerai oolithique.

Provenance : Arrondissement de Briey. — Canton de Longwy. — Commune de Villerupt-Micheville.

Analyse :

	(45)	(46)	(47)	(48)
Silice	15.70	23.00	16.60	18.00
Alumine	9.50	12.40	8.60	10.00
Peroxyde de fer	53.50	37.00	54.40	52.00
Oxyde rouge de manganèse	—	—	—	—
Chaux	3.60	7.00	4.00	5.50
Magnésie	1.60	2.60	2.00	1.60
Acide sulfurique	0.30	0.08	0.05	0.08
Acide phosphorique	0.40	0.30	0.30	0.30
Perte par calcination	15.30	17.60	14.00	12.30
Total	99.83	99.98	99.95	99.78

Nom de la personne qui a fait l'envoi : (45 à 47) M. Gruner. — (48) M. J. Ferry.

Date de l'analyse : (45 à 47) janvier 1870. — (48) mars 1875.

MINERAIS DE FER.

Nature : Minerai oolithique et fer carbonaté.

Provenance : Arrondissement de Metz. Canton de Boulay. — Commune de Velving (49). Canton de Gorze. Commune d'Ars-sur-Moselle (50 à 53). Commune de Novéant-sur-Moselle (54, 55). Commune de Vaux (56, 57).

Analyse :

	(49)	(50)	(51)	(52)	(53)	(54)	(55)	(56)	(57)
Silice	10.50	4.00	18.00	24.50	12.00	26.00	23.60	16.30	21.50
Alumine		5.75	8.20	11.70	6.36				
Peroxyde de fer	30.50	49.55	52.90	45.85	46.75	57.00	58.00	49.00	51.00
Oxyde rouge de manganèse	—	—	—	—	—	—	—	—	—
Chaux	2.50	15.60	2.00	2.50	5.00	2.09	2.50	13.00	8.50
Magnésie	20.00	—	—	—	—	—	—	—	—
Acide sulfurique	—	—	—	—	—	—	—	0.10	traces
Acide phosphorique	traces	2.20	1.90	0.95	1.60	traces	traces	0.10	0.05
Perte par calcination	35.50	22.30	17.00	14.00	27.50	14.80	15.20	21.50	18.50
Total	99.00	99.40	100.00	99.50	99.21	99.89	99.30	100.00	99.55

Nom de la personne qui a fait l'envoi : (49) M. Gruner. — (50) M. J. Ferry. — (51, 52) M. Masson. — (53) M. Delesse. — (54, 55) M. Petitjean. — (56, 57) M. Remaury.

Date de l'analyse : (49) juin 1857. — (50 à 53) décembre 1857. — (54, 55) mai 1858. — (56, 57) septembre 1856.

MINERAIS DE FER.

Nature : Minerai oolithique.

Provenance : Arrondissement de Metz. — Canton de Faulquemont. — Commune de Maranges.

Analyse :

	(58)	(59)	(60)	(61)	(62)	(63)	(64)	(65)
Silice / Alumine	20.00	27.00	29.00	21.00	31.50	20.70	26.60	27.60
Peroxyde de fer	60.00	46.50	47.00	53.00	46.20	48.00	50.30	53.00
Oxyde rouge de manganèse	—	—	—	—	—	—	—	—
Chaux	2.30	5.00	3.50	4.50	3.75	8.30	4.60	2.30
Magnésie	—	—	1.50	1.50	1.85	1.85	0.30	0.10
Acide sulfurique	0.40	0.40	0.30	0.40	0.50	0.30	0.05	0.06
Acide phosphorique	0.70	2.30	1.00	1.00	2.60	0.50	0.20	0.20
Perte par calcination	16.30	18.50	17.60	18.00	13.50	20.00	17.33	16.30
Total	99.70	99.70	99.90	99.40	99.90	99.65	99.38	98.56

Nom de la personne qui a fait l'envoi : (58 à 63) M. Callon. — (64, 65) M. Max-Peugnot.

Date de l'analyse : (58 à 63) février 1859. — (64, 65) juin 1869.

MINERAIS DE FER.

Nature : Minerai oolithique.

Provenance : Arrondissement de Thionville. — Canton de Cattenom. — Commune d'Ottange.

Analyse :

	(66)	(67)	(68)	(69)	(70)	(71)	(72)
Silice / Alumine	37.00	23.90	9.60	25.80	23.00	22.00	21.30
Peroxyde de fer	51.00	59.20	77.40	52.00	54.00	53.00	56.30
Oxyde rouge de manganèse	—	—	—	—	—	—	—
Chaux	1.00	traces	traces	2.00	3.00	4.00	3.00
Magnésie	—	—	—	—	—	—	—
Acide sulfurique	traces	traces	0.30	—	—	—	traces
Acide phosphorique	0.88	0.60	0.60	0.50	0.66	0.66	0.80
Perte par calcination	10.00	16.00	11.90	19.30	19.00	20.00	18.30
Total	99.88	99.70	99.80	99.60	99.66	99.66	99.70

Nom de la personne qui a fait l'envoi : MM. Jahiet et Grand-Lamothe.

Date de l'analyse : février 1864.

MINERAIS DE FER.

Nature : Minerai oolithique.

Provenance : Arrondissement de Thionville. — Canton de Cattenom. — Commune d'Ottange.

Analyse :

	(73)	(74)	(75)	(76)	(77)	(78)
Silice / Alumine	23.30	25.00	16.70	16.30	21.40	16.80
Peroxyde de fer	48.00	49.70	60.60	65.70	57.20	70.80
Oxyde rouge de manganèse	—	—	—	—	—	—
Chaux	7.00	4.00	6.00	5.00	4.00	3.00
Magnésie	—	—	—	—	—	—
Acide sulfurique	—	—	traces	—	—	0.30
Acide phosphorique	0.60	0.90	0.80	0.80	1.20	0.20
Perte par calcination	21.00	20.00	15.60	12.00	15.60	8.60
Total	99.90	99.60	99.70	99.80	99.40	99.70

Nom de la personne qui a fait l'envoi : MM. Jahiet et Grand-Lamothe.

Date de l'analyse : février 1864.

MINERAIS DE FER.

Nature : Minerai oolithique.

Provenance : Arrondissement de Thionville. — Canton de Cattenom. — Commune d'Ottange.

Analyse :

	(79)	(80)	(81)	(82)	(83)	(84)
Silice / Alumine	16.20	13.60	6.60	16.00	19.80	18.00
Peroxyde de fer	65.10	50.40	80.60	67.50	52.80	70.00
Oxyde rouge de manganèse	—	—	—	—	—	—
Chaux	4.00	14.00	2.00	2.00	9.30	2.00
Magnésie	—	—	—	—	—	—
Acide sulfurique	0.50	0.30	0.30	1.30	1.90	0.90
Acide phosphorique	1.00	0.60	0.30	0.90	0.90	0.60
Perte par calcination	13.00	21.00	9.30	12.20	15.00	8.30
Total	99.80	99.90	99.10	99.90	99.70	99.80

Nom de la personne qui a fait l'envoi : MM. Jahiet et Grand-Lamothe.

Date de l'analyse : février 1864.

MINERAIS DE FER.

Nature : Minerai oolithique.

Provenance : Arrondissement de Thionville. — Canton de Cattenom. — Commune d'Ottange.

Analyse :

	(85)	(86)	(87)	(88)	(89)
Silice / Alumine	22.80	11.30	18.30	10.60	17.00
Peroxyde de fer	60.60	59.60	63.00	65.60	64.60
Oxyde rouge de manganèse	—	—	—	—	—
Chaux	1.00	7.60	3.30	4.00	2.00
Magnésie	—	0.60	traces	0.50	0.30
Acide sulfurique	1.60	0.30	0.20	0.30	0.20
Acide phosphorique	0.90	0.10	0.10	0.10	0.10
Perte par calcination	13.00	20.00	15.00	18.60	15.60
Total	99.90	99.50	99.90	99.70	99.80

Nom de la personne qui a fait l'envoi : MM. Jahiet et Grand-Lamothe.

Date de l'analyse : (85) février 1864. — (86 à 89) janvier 1869.

MINERAIS DE FER.

Nature : Minerai oolithique.

Provenance : Arrondissement de Thionville. — Canton de Thionville. — Commune d'Hayange.

Analyse :

	(90)	(91)	(92)	(93)	(94)
Silice .... / Alumine	8.66	18.66	5.33	6.33	6.33
Peroxyde de fer	68.33	62.66	72.66	71.66	72.00
Oxyde rouge de manganèse....	—	—	—	—	—
Chaux	2.73	1.68	2.80	2.80	1.80
Magnésie	traces	—	—	—	0.62
Acide sulfurique	0.40	0.40	0.50	0.50	0.30
Acide phosphorique	1.00	0.66	0.60	0.60	0.30
Perte par calcination..........	18.00	15.67	18.00	18.00	18.04
Total......	99.12	99.73	99.89	99.89	99.39

Nom de la personne qui a fait l'envoi : M. Lan.

Date de l'analyse : août 1863.

MINERAIS DE FER.

Nature : Minerai oolithique.

Provenance : Arrondissement de Thionville. — Canton de Thionville. — Commune d'Hayange.

Analyse :

	(95)	(96)	(97)	(98)	(99)
Silice .... / Alumine	8.66	8.00	8.66	8.00	8.00
Peroxyde de fer	68.33	72.00	66.66	69.33	70.66
Oxyde rouge de manganèse ...	—	—	—	—	—
Chaux	2.80	2.78	1.49	2.42	2.40
Magnésie	0.60	0.62	0.58	0.65	0.60
Acide sulfurique	0.66	0.50	0.20	0.50	0.30
Acide phosphorique	0.10	1.00	0.10	1.00	0.66
Perte par calcination..........	18.60	15.06	22.00	18.00	17.00
Total......	99.75	99.96	99.69	99.90	99.62

Nom de la personne qui a fait l'envoi : M. Lan.

Date de l'analyse : août 1863.

MINERAIS DE FER.

Nature : Minerai oolithique.

Provenance : Arrondissement de Thionville. — Canton de Thionville. — Commune de Moyeuvre.

Analyse :

	(100)	(101)	(102)	(103)	(104)
Silice / Alumine	6.33	11.00	4.66	8.00	6.33
Peroxyde de fer	74.33	70.00	69.66	64.33	70.66
Oxyde rouge de manganèse	—	—	—	—	—
Chaux	1.30	2.80	1.86	2.42	0.83
Magnésie	0.60	0.60	0.62	0.60	traces
Acide sulfurique	0.30	0.33	0.30	0.60	0.30
Acide phosphorique	1.10	1.20	1.10	1.30	1.30
Perte par calcination	16.00	14.00	21.67	22.60	19.50
Total	99.96	99.93	99.87	99.85	99.92

Nom de la personne qui a fait l'envoi : M. Lan.

Date de l'analyse : août 1863.

MINERAIS DE FER.

Nature : Minerai oolithique.

Provenance : Arrondissement de Thionville. — Canton de Thionville. — Commune de Moyeuvre.

Analyse :

	(105)	(106)	(107)	(108)	(109)
Silice / Alumine	7.33	8.33	12.00	13.66	9.66
Peroxyde de fer	75.33	70.00	66.66	67.00	70.00
Oxyde rouge de manganèse	—	—	—	—	—
Chaux	1.86	0.93	0.74	1.86	0.93
Magnésie	0.58	0.57	traces	0.60	traces
Acide sulfurique	0.40	0.50	0.50	0.10	0.10
Acide phosphorique	1.00	1.00	1.00	1.00	1.10
Perte par calcination	13.06	18.00	19.00	15.40	18.06
Total	99.56	99.33	99.90	99.62	99.85

Nom de la personne qui a fait l'envoi : M. Lan.

Date de l'analyse : août 1863.

DÉPARTEMENT DE LA NIÈVRE.

NOMBRE DES ÉCHANTILLONS ANALYSÉS : **33**.

MINERAIS DE FER.

Nature : Hématite brune.

Provenance : Arrondissement de Cosne. { Canton et commune de Cosne (1 à 4). Canton de Donzy. — Commune de Sainte-Colombe (5, 6).

Analyse :

	(1)	(2)	(3)	(4)	(5)	(6)
Silice	24.00	44.00	56.00	46.00	13.30	30.00
Alumine	13.00	4.00				
Peroxyde de fer	52.50	44.30	34.30	41.00	30.00	53.00
Oxyde rouge de manganèse	—	—	—	—	—	—
Chaux	—	2.10	traces	traces	26.00	traces
Magnésie	—	—	—	—	—	—
Acide sulfurique	traces	—	0.10	traces	—	—
Acide phosphorique	0.30	traces	0.05	0.05	0.50	0.50
Perte par calcination	10.00	5.50	9.30	12.00	30.00	15.00
Total	99.80	99.90	99.75	99.05	99.80	99.70

Nom de la personne qui a fait l'envoi : (1, 2) M. Renard. — (3) M. de Pracontal. — (4) M. Tiersonnier. — (5, 6) M. [illegible].

Date de l'analyse : (1) août 1858. — (2) octobre 1856. — (3) juillet 1857. — (4) août 1865. — (5, 6) octobre 1861.

MINERAIS DE FER.

Nature : Hématite brune.

Provenance : Arrondissement de Château-Chinon. — Canton de Château-Chinon. — Commune de Glux.

Analyse :

	(7)	(8)	(9)	(10)	(11)	(12)
Silice, Alumine	40.50	46.00	16.00	7.50	6.00	12.50
Peroxyde de fer	53.00	45.50	76.00	86.50	80.30	78.00
Oxyde rouge de manganèse	—	—	—	—	—	—
Chaux	—	—	—	—	—	—
Magnésie	—	—	—	—	—	—
Acide sulfurique	—	—	—	—	—	—
Acide phosphorique	0.30	0.10	0.20	0.30	0.40	0.50
Perte par calcination	6.20	8.00	7.50	5.50	13.00	9.00
Total	100.00	99.60	99.80	99.80	99.70	100.00

Nom de la personne qui a fait l'envoi : M. de La Roche-Jacquelain.

Date de l'analyse : juin 1857.

MINERAIS DE FER.

Nature : Hématite brune.

Provenance : Arrondissement et canton de Château-Chinon. — Commune d'Arleuf. — Forêt de Dusrault.

Analyse :

	(13)	(14)	(15)	(16)	(17)	(18)
Silice / Alumine	65.50	65.00	70.50	86.50	77.00	83.50
Peroxyde de fer	25.30	23.40	20.70	9.50	16.50	10.00
Oxyde rouge de manganèse	—	—	—	—	—	—
Chaux	—	1.20	1.00	—	1.00	—
Magnésie	—	—	—	—	—	—
Acide sulfurique	—	—	—	—	—	—
Acide phosphorique	0.20	0.30	traces	—	0.20	—
Perte par calcination	8.50	10.00	7.50	3.50	5.30	6.30
Total	99.50	99.90	99.90	99.50	100.00	99.80

Nom de la personne qui a fait l'envoi : M. de La Roche-Jacquelain.

Date de l'analyse : juin 1857.

MINERAIS DE FER.

Nature : Hématite brune.

Provenance :
- Arrondissement de Château-Chinon.— Canton de Moulins-Engilbert. { Commune de Moulins. — Engilbert (19, 20). / Commune de Montaron (21, 22).
- Arrondissement de Nevers. { Canton de Decize. — Commune de Saint-Ouen (23). / Canton de Nevers. { Commune de Gimouille (24). / Commune de Saint-Éloi (25, 26).

Analyse :

	(19)	(20)	(21)	(22)	(23)	(24)	(25)	(26)
Silice / Alumine	13.50	65.50	46.00	30.00	46.00	13.30	50.00	32.50
Peroxyde de fer	71.00	28.60	46.00	54.00	14.00	34.30	42.00	55.50
Oxyde rouge de manganèse	—	—	—	—	29.30	—	—	—
Chaux	—	—	—	—	—	26.30	—	—
Magnésie	—	—	—	—	—	—	—	—
Acide sulfurique	0.20	traces	traces	—	0.10	—	0.50	0.30
Acide phosphorique	0.20	traces	0.20	0.30	traces	0.60	0.10	traces
Perte par calcination	15.00	5.50	7.60	15.00	10.50	30.00	7.00	11.00
Total	99.90	99.60	99.80	99.30	99.90	99.50	99.60	99.30

Nom de la personne qui a fait l'envoi : (19, 20) M. Bordet. — (21, 23) M. de La Roche-Jacquelain. — (24) M. Stoczinski. — (25, 26) MM. Petin et Gaudet.

Date de l'analyse : (19, 20) mai 1860. — (21 à 23) juin 1857. — (24) octobre 1861. — (25,26) août 1865.

MINERAIS DE FER.

Nature : Hématite brune.

Provenance : Arrondissement de Nevers — Canton de Nevers. — Commune de Magny-Cours.

Analyse :

	(27)	(28)	(29)	(30)	(31)	(32)	(33)
Silice / Alumine	27.90	23.40	47.00	34.25	18.90	9.00	32.50
Peroxyde de fer	57.45	40.60	41.20	52.20	61.50	84.30	55.50
Oxyde rouge de manganèse	—	—	—	—	—	—	—
Chaux	1.50	14.20	1.60	—	1.10	—	—
Magnésie	—	—	—	—	—	—	—
Acide sulfurique	0.10	0.10	0.05	0.05	0.10	0.60	0.30
Acide phosphorique	0.15	0.20	0.20	0.20	0.30	traces	traces
Perte par calcination	12.21	21.00	9.50	13.20	17.70	6.00	11.00
Total	99.31	99.50	99.55	99.90	99.60	99.90	99.30

Nom de la personne qui a fait l'envoi : (27 à 31) M. Benoist d'Azy. — (32, 33) M. Gay.

Date de l'analyse : (27 à 31) mai 1856. — (32, 33) octobre 1861.

DÉPARTEMENT DU NORD.

NOMBRE DES ÉCHANTILLONS ANALYSÉS : 2

MINERAIS DE FER.

Nature : Fer oxydé rouge.

Provenance : Arrondissement d'Avesnes. — Canton et commune de Trelon.

Analyse :

	(1)	(2)
Silice........................ / Alumine....................	21.30	17.00
Peroxyde de fer..............	74.60	78.00
Oxyde rouge de manganèse....	—	—
Chaux........................	0.60	0.30
Magnésie.....................	0.50	0.20
Acide sulfurique..............	0.04	0.05
Acide phosphorique..........	0.05	0.08
Perte par calcination..........	2.60	4.30
Total......	99.69	99.93

Nom de la personne qui a fait l'envoi : M. Demanet.

Date de l'analyse : juin 1868.

DÉPARTEMENT DE L'OISE.

NOMBRE DES ÉCHANTILLONS ANALYSÉS : 4.

MINERAIS DE FER.

Nature : Fer oxydé hydraté.

Provenance : Arrondissement de Beauvais. — Canton d'Auneuil. — Commune de Saint-Germain-la-Poterie (1, 2).
Arrondissement de Senlis. — Canton et commune de Pont-Sainte-Maxence (3, 4).

Analyse :

	(1)	(2)	(3)	(4)
Silice / Alumine	20.30	34.00	50.00	69.30
Peroxyde de fer	66 50	54.50	40.00	20.00
Oxyde rouge de manganèse	—	—	—	—
Chaux	—	—	1.00	—
Magnésie	—	—	—	—
Acide sulfurique	—	—	—	—
Acide phosphorique	0.20	0.10	0.20	traces
Perte par calcination	12.60	11.30	8.66	10.66
Total	99.60	99.90	99.86	99.96

Nom de la personne qui a fait l'envoi : (1, 2) M. Rigault. — (3, 4) M. Planecque

Date de l'analyse : (1, 2) juillet 1860. — (3, 4) février 1863.

DÉPARTEMENT DE L'ORNE.

NOMBRE DES ÉCHANTILLONS ANALYSÉS : **2.**

MINERAIS DE FER.

Nature : Hématite brune.

Provenance : Arrondissement d'Argentan. — Canton d'Écouché. — Lande-du-Goult (1), la Gatine (2).

Analyse :

	(1)	(2)
Silice	15.00	24.50
Alumine	4.10	—
Peroxyde de fer	57.50	63.00
Oxyde rouge de manganèse	—	—
Chaux	—	—
Magnésie	—	—
Acide sulfurique	1.00	—
Acide phosphorique	5.80	0.40
Perte par calcination	16.40	12.00
Total	99.80	99.90

Nom de la personne qui a fait l'envoi : M. Damville.

Date de l'analyse : décembre 1854.

DÉPARTEMENT DU PAS-DE-CALAIS.

NOMBRE DES ÉCHANTILLONS ANALYSÉS : **11.**

MINERAIS DE FER.

Nature : Fer oxydé hydraté.

Provenance : Arrondissement de Boulogne-sur-Mer. — Canton de Marquise. — Commune de Landrethun. — Lebrugnant.

Analyse :

	(1)	(2)	(3)	(4)	(5)	(6)
Silice / Alumine	19.00	15.00	10.00	25.80	41.00	40.20
Peroxyde de fer	65.00	68.50	75.00	58.00	36.00	34.80
Oxyde rouge de manganèse	—	—	—	—	—	—
Chaux	—	—	—	—	—	2.00
Magnésie	—	—	—	—	—	6.00
Acide sulfurique	0.10	0.10	traces	0.30	traces	0.10
Acide phosphorique	traces	1.30	0.50	2.60	4.80	0.30
Perte par calcination	15.00	15.00	14.50	14.00	18.00	16.50
Total	99.10	99.90	100.00	99.90	99.80	99.90

Nom de la personne qui a fait l'envoi : (1 à 5) M. Pecourt. — (6) M. Caillot-Pinart.

Date de l'analyse : (1 à 5) août 1858. — (6) décembre 1859.

MINERAIS DE FER.

Nature : Fer oxydé hydraté.

Provenance : Arrondissement de Boulogne-sur-Mer. — Canton et commune de Samer.

Analyse :

	(7)	(8)	(9)	(10)	(11)
Silice	38.67	41.33	46.00	25.50	18.00
Alumine				6.00	5.00
Peroxyde de fer	50.33	47.67	42.67	55.10	64.00
Oxyde rouge de manganèse	—	—	—	traces	traces
Chaux	1.33	1.67	1.33	—	—
Magnésie	—	—	—	—	—
Acide sulfurique	0.60	0.50	0.40	0.10	0.12
Acide phosphorique	0.50	0.50	0.50	0.30	0.25
Perte par calcination	8.33	7.67	8.33	13.00	12.60
Total	99.76	99.34	99.23	100.00	99.97

Nom de la personne qui a fait l'envoi : (7 à 9) M. Demanet. — (10, 11) M. Ansart de Fresnel.

Date de l'analyse : (7 à 9) mai 1868. — (10, 11) avril 1873.

DÉPARTEMENT DU PUY-DE-DOME.

NOMBRE DES ÉCHANTILLONS ANALYSÉS : **2.**

MINERAIS DE FER.

Nature : Hématite brune.

Provenance : Arrondissement d'Ambert. { Canton de St-Amand-Roche-Savine. — Commune de St-Éloi. — La Vernade (1). Canton d'Olliergues. — Commune d'Olliergues. — Chantelouze (2).

Analyse :

	(1)	(2)
Silice / Alumine	35.00	10.00
Peroxyde de fer	50.00	79.00
Oxyde rouge de manganèse	—	—
Chaux	1.50	—
Magnésie	traces	—
Acide sulfurique	—	1.00
Acide phosphorique	0.20	0.30
Perte par calcination	13.20	9.60
Total	99.90	99.90

Nom de la personne qui a fait l'envoi : (1) M. Baudoin. — (2) M. Faugières.

Date de l'analyse : (1) juillet 1856. — (2) mars 1864.

DÉPARTEMENT DES BASSES-PYRÉNÉES.

NOMBRE DES ÉCHANTILLONS ANALYSÉS : 39.

MINERAIS DE FER.

Nature : Fer micacé (1, 2). — Fer carbonaté (3 à 5). — Hématite brune (6, 7). — Fer oxydulé (8).

Provenance : Arrondissement de Bayonne. { Canton et commune de Bayonne (1 à 6). Canton de Saint-Jean-de-Luz. — Commune d'Urrugne. — Béhobie (7). Arrondissement d'Orthez. — Canton et commune de Lagor. — Ballaye (8).

Analyse :

	(1)	(2)	(3)	(4)	(5)	(6)	(7)	(8)
Silice	5.60	12.00	2.66	5.33	2.66	25.00	6.60	1.00
Alumine	—	—	—	traces	—	5.00	—	—
Peroxyde de fer	93.60	86.00	63.35	62.00	59.25	50.57	82.00	99.60
Oxyde rouge de manganèse	—	—	1.33	1.66	1.66	0.40	—	—
Chaux	—	—	2.60	1.30	1.30	1.66	—	0.30
Magnésie	—	—	2.33	2.66	2.33	traces	—	0.60
Acide sulfurique	—	traces	traces	traces	traces	2.20	0.10	—
Acide phosphorique	0.05	traces	0.06	0.05	0.06	0.66	0.15	traces
Perte par calcination	0.60	2.00	27.33	27.00	32.00	13.50	11.00	—
Oxyde de cuivre	—	—	—	—	0.08	0.68	—	—
Total	99.85	100.00	99.66	100.00	99.34	99.67	99.85	101.50

Nom de la personne qui a fait l'envoi : (1, 2) M. Etcheverry. — (3 à 6) M. Dufilhol. — (7) M. Huyot. — (8) M. Ledoux.

Date de l'analyse : (1, 2) mars 1858. — (3 à 6) avril 1863. — (7) septembre 1872. — (8) mai 1865.

MINERAIS DE FER.

Nature : Hématite brune (9, 11, 13). — Fer carbonaté (10, 12).

Provenance : Arrondissement de Bayonne. — Canton d'Espelette. — Commune d'Aïnhoa.

Analyse :

	(9)	(10)	(11)	(12)	(13)
Silice	18.00	traces	6.60	3.00	11.30
Alumine			3.00	—	3.00
Peroxyde de fer	75.00	66.30	77.00	60.00	74.60
Oxyde rouge de manganèse	traces	traces	0.60	traces	traces
Chaux	—	—	traces	0.20	—
Magnésie	—	—	—	1.30	—
Acide sulfurique	0.20	—	0.10	—	traces
Acide phosphorique	—	—	0.12	0.06	0.12
Perte par calcination	6.60	33.00	12.00	35.30	10.60
Total	99.80	99.30	99.42	99.86	99.62

Nom de la personne qui a fait l'envoi : (9, 10) M. Huyot. — (11) M. Chauveau. — (12, 13) M. Ledoux.

Date de l'analyse : (9, 10) septembre 1863. — (11 à 13) août 1873.

MINERAIS DE FER.

Nature : Hématite rouge (15, 16). — Hématite brune (14, 17 à 19).

Provenance : Arrondissement de Mauléon-Licharre. — Canton de Tardets. — Commune de Larrau.

Analyse :

	(14)	(15)	(16)	(17)	(18)	(19)
Silice / Alumine	32.00	21.66	12.00	27.40	10.66	6.66
Peroxyde de fer	55.66	71.66	82.66	58.00	45.33	6.00
Oxyde rouge de manganèse	—	—	—	—	—	—
Chaux	—	—	—	1.00	22.33	37.66
Magnésie	—	—	—	traces	3.53	8.86
Acide sulfurique	0.30	0.20	0.33	0.60	0.10	traces
Acide phosphorique	—	0.50	—	0.16	0.05	traces
Perte par calcination	12.00	5.00	5.00	12.50	18.00	40.61
Total	99.96	99.02	99.99	99.66	100.00	99.79

Nom de la personne qui a fait l'envoi : M. Mariné.

Date de l'analyse : octobre 1866.

MINERAIS DE FER.

Nature : Hématite brune (20, 21, 23). — Hématite rouge (22, 24).

Provenance : Arrondissement de Mauléon-Licharre. — Canton de Tardets. — Commune de Larrau.

Analyse :

	(20)	(21)	(22)	(23)	(24)
Silice / Alumine	37.33	27.00	26.66	17.66	1.50
Peroxyde de fer	29.00	57.00	70.00	6.00	92.66
Oxyde rouge de manganèse	—	—	—	—	—
Chaux	17.00	3.66	—	18.33	—
Magnésie	1.83	2.66	—	18.00	—
Acide sulfurique	traces	traces	0.30	traces	0.33
Acide phosphorique	—	traces	0.20	traces	—
Perte par calcination	14.30	9.33	2.66	39.66	5.05
Total	99.46	99.65	99.82	99.65	99.54

Nom de la personne qui a fait l'envoi : M. Mariné.

Date de l'analyse : octobre 1866.

MINERAIS DE FER.

Nature : Hématite brune (26). — Hématite rouge (25, 27 à 29).

Provenance : Arrondissement de Mauléon-Licharre. { Canton de Tardets. — Commune de Larrau. Canton de Saint-Jean-Pied-de-Port. — Commune de Mendive.

Analyse :

	(25)	(26)	(27)	(28)	(29)
Silice } Alumine }	16.00	12.33	11.66	27.33	30.30
Peroxyde de fer	80.00	72.00	80.60	58.66	58.00
Oxyde rouge de manganèse	—	—	—	—	—
Chaux	—	2.00	1.50	7.33	2 66
Magnésie	—	—	—	0.60	2.50
Acide sulfurique	0.20	0.33	—	traces	0.20
Acide phosphorique	0.20	0.33	—	traces	0.30
Perte par calcination	3.10	13.00	5.66	6.00	5.60
Total	99.50	99.99	99.42	99.92	99.56

Nom de la personne qui a fait l'envoi : M. Mariné.

Date de l'analyse : octobre 1866.

MINERAIS DE FER.

Nature : Fer carbonaté (33). — Hématite rouge (30 à 32, 34, 35).

Provenance : Arrondissement d'Oloron. { Canton de Laruns. — Communes de Bielle (30), de Laruns (31 à 34). Canton d'Arudy. — Commune de Sévignacq (35).

Analyse :

	(30)	(31)	(32)	(33)	(34)	(35)
Silice	15.00	28.33	33.00	0.33	7.00	17.60
Alumine	5.60					
Peroxyde de fer	66.00	70.00	62.00	65.33	83.33	79.00
Oxyde rouge de manganèse	2.60	—	—	—	—	—
Chaux	2.00	—	—	1.00	5.00	—
Magnésie	1.30	—	—	1.22	—	—
Acide sulfurique	—	traces	—	—	—	0.60
Acide phosphorique	0.09	traces	traces	0.06	traces	traces
Perte par calcination	7.30	1.66	5.00	32 00	4.00	2.60
Total	99.89	99.99	100.00	99.94	99.33	99.80

Nom de la personne qui a fait l'envoi : M. Etchebaster.

Date de l'analyse : février 1875.

MINERAIS DE FER.

Nature : Hématite brune et hématite rouge.

Provenance : Arrondissement de Pau: Canton de Nay. — Commune d'Asson (36,37). Canton de Pau. — Commune de Pau (38). Canton de Pontacq. — Commune de Pontacq (39).

Analyse :

	(36)	(37)	(38)	(39)
Silice............ Alumine............	6.33	12.33	5.60	61.00
Peroxyde de fer............	79.00	77.33	92.60	28.00
Oxyde rouge de manganèse....	traces	—	—	1.70
Chaux............	1.33	1.66	traces	—
Magnésie............	—	traces	—	—
Acide sulfurique............	0.60	—	0.03	—
Acide phosphorique............	traces	traces	traces	0.30
Perte par calcination............	12.66	8.33	1.60	8.66
Total......	99.92	99.65	99.83	99.66

Nom de la personne qui a fait l'envoi : (36, 37) M. Caldéron. — (38) M. Dussard. — (39) M. Gautier.

Date de l'analyse : (36, 37) juillet 1867. — (38) février 1868. — (39) novembre 1874.

DÉPARTEMENT DES HAUTES-PYRÉNÉES.

NOMBRE DES ÉCHANTILLONS ANALYSÉS : **3**.

MINERAIS DE FER.

Nature : Hématite brune.

Provenance : Arrondissement de Bagnères-de-Bigorre. — Canton et commune de Bagnères-de-Bigorre (1, 2).
Arrondissement de Tarbes. — Canton de Pouyastruc. — Commune de Laslades (3).

Analyse :

	(1)	(2)	(3)
Silice	2.30	3.00	2.60
Alumine	—	—	—
Peroxyde de fer	85.30	86.00	80.50
Oxyde rouge de manganèse	1.30	0.60	4.00
Chaux	traces	—	—
Magnésie	traces	—	—
Acide sulfurique	0.10	0.10	—
Acide phosphorique	0.08	0.10	0.10
Perte par calcination	10.60	10.00	12.50
Total	99.68	99.80	99.70

Nom de la personne qui a fait l'envoi : (1, 2) M. de Zeppenfeld. — (3) M. Donnat.

Date de l'analyse : (1, 2) mai 1873. — (3) mars 1857.

DÉPARTEMENT DES PYRÉNÉES-ORIENTALES.

NOMBRE DES ÉCHANTILLONS ANALYSÉS : 70.

MINERAIS DE FER.

Nature : Hématite brne et hématite rouge (1 à 4, 6, 7). — Fer carbonaté (5 et 8).

Provenance : Arrondissement de Céret.
- Canton de Céret. — Commune de Reynès (1).
- Canton de Prats-de-Mollo. — Commune de Lamanère (2).
- Canton d'Arles-sur-Tech.
  - Commune de Palalda (3).
  - Commune de Labastide. Col de Villarem (4 à 6), Boulet (7, 8).

Analyse :

	(1)	(2)	(3)	(4)	(5)	(6)	(7)	(8)
Silice	3.40	35.00	2.40	2.00	4.00	3.00	11.50	0.20
Alumine	—	13.00	—	0.60	—	traces	—	—
Peroxyde de fer	81.00	50.00	83.00	84.00	68.30	92.60	72.50	62.50
Oxyde rouge de manganèse	—	—	3.00	—	2.30	3.60	4.00	2.00
Chaux	traces	—	traces	—	traces	—	traces	2.00
Magnésie	—	—	—	—	0.60	—	—	—
Acide sulfurique	traces	—	traces	0.10	—	—	—	0.20
Acide phosphorique	0.10	0.05	0.10	0.06	0.04	0.06	0.10	traces
Perte par calcination	9.50	1.60	11.50	12.00	24.60	0.30	11.50	33.00
Oxyde de zinc	—	—	—	0.60	—	0.20	—	—
Total	100.00	99.65	100.00	99.36	99.84	99.76	99.60	99.90

Nom de la personne qui a fait l'envoi : (1 à 3) M. Donnat. — (4 à 8) Compagnie du Canigou.

Date de l'analyse : (1 à 3) mars 1857. — (4 à 8) janvier 1876.

MINERAIS DE FER.

Nature : Hématite brune (9). — Fer oligiste (10 à 13).

Provenance : Arrondissement de Perpignan. — Canton de la Tour-de-France. — Commune d'Estagel (9 à 11) : la Gly (12), Fenouillade (13).

Analyse :

	(9)	(10)	(11)	(12)	(13)
Silice	52.30	2.40	9.60	30.00	12.30
Alumine		—	—	8.00	—
Peroxyde de fer	46.50	96.30	83.60	60.00	87.40
Oxyde rouge de manganèse	traces	—	traces	—	—
Chaux	—	—	3.50	0.30	—
Magnésie	—	—	—	0.30	—
Acide sulfurique	—	0.50	0.40	0.20	0.20
Acide phosphorique	0.10	traces	0.20	traces	traces
Perte par calcination	1.00	0.60	2.60	0.60	—
Total	99.90	99.80	99.90	99.40	99.90

Nom de la personne qui a fait l'envoi : (9 à 11) M. Delesse. — (12) M. de La Rochefoucauld. — (13) M. de Cassan.

Date de l'analyse : (9 à 11) janvier 1861. — (12) juillet 1866. — (13) août 1877.

MINERAIS DE FER.

Nature : Fer carbonaté (14). — Hématite brune avec hématite rouge (15 à 21).

Provenance : Arrondissement de Prades. — Canton de Prades. — Commune de Fillols.

Analyse :

	(14)	(15)	(16)	(17)	(18)	(19)	(20)	(21)
Silice	2.00	4.00	2.00	11.00	2.00	5.00	4.30	22.00
Alumine	—	—	—	—	—	—	—	—
Peroxyde de fer	60.80	80.00	81.00	74.00	79.60	82.00	69.30	68.00
Oxyde rouge de manganèse	—	6.00	7.00	6.60	6.00	0.30	6.70	3.00
Chaux	—	—	—	—	4.00	—	9.00	traces
Magnésie	—	—	—	—	—	—	traces	—
Acide sulfurique	—	—	—	—	—	—	—	—
Acide phosphorique	—	traces	traces	traces	traces	0.10	0.10	0.06
Perte par calcination	37.00	10.00	10.00	8.00	8.00	12.00	10.00	6.50
Total	99.80	100.00	100.00	99.60	99.60	99.40	99.40	99.56

Nom de la personne qui a fait l'envoi : (14) M. François. — (15 à 21) M. R. Jacomy.

Date de l'analyse : (14) décembre 1862. — (15 à 18) août 1854. — (19 à 21) mars 1857.

MINERAIS DE FER.

Nature : Fer carbonaté avec calcaire (24). — Hématite brune avec hématite rouge (22, 23, 24 à 29).

Provenance : Arrondissement de Prades. — Canton de Prades. — Commune de Fillols.

Analyse :

	(22)	(23)	(24)	(25)	(26)	(27)	(28)	(29)
Silice	5.00	2.33	traces	8.60	6.00	5.60	1.60	2.60
Alumine	—	—	—	1.30	3.60	—	—	0.30
Peroxyde de fer	82.00	79.00	23.61	74.60	80.00	61.00	71.50	65.50
Oxyde rouge de manganèse	0.30	6.33	3.72	5.00	—	4.60	5.30	6.60
Chaux	—	—	27.33	1.60	0.30	13.00	8.50	9.60
Magnésie	—	—	3.17	2.00	0.15	2.00	1.80	2.00
Acide sulfurique	—	—	—	—	—	—	—	—
Acide phosphorique	0.10	0.10	traces	0.10	0.20	0.10	0.16	0.12
Perte par calcination	12.00	11.66	41.66	6.60	9.60	13.60	11.00	13.00
Total	99.40	99.42	99.49	99.80	99.85	99.90	99.86	99.72

Nom de la personne qui a fait l'envoi : (22 à 24) M. H. Germain. — (25 à 29) M. Helson.

Date de l'analyse : (22 à 24) août 1869. — (25 à 29) octobre 1876.

MINERAIS DE FER.

Nature : Hématite brune.

Provenance : Arrondissement de Prades.— Canton et commune de Prades.

Analyse :

	(30)	(31)	(32)	(33)	(34)
Silice / Alumine	3.67	3.00	3.33	4.33	5.50
Peroxyde de fer	78.95	79.77	78.10	77.45	76.00
Oxyde rouge de manganèse	7.35	6.33	6.67	7.33	7.00
Chaux	1.03	1.56	1.89	1.22	2.00
Magnésie	traces	—	traces	traces	—
Acide sulfurique	traces	traces	—	—	traces
Acide phosphorique	traces	0.10	0.10	traces	0.06
Perte par calcination	8.67	9.00	9.33	9.33	9.30
Total	99.67	99.76	99.42	99.66	97.86

Nom de la personne qui a fait l'envoi : M. Freyeurs.

Date de l'analyse : mai 1869.

MINERAIS DE FER.

Nature : Hématite brune avec hématite rouge (35, 37 à 39). — Fer carbonaté (36).

Provenance : Arrondissement de Prades. — Canton de Prades. — Commune de Vernet-les-Bains. Col du Canigou.

Analyse :

	(35)	(36)	(37)	(38)	(39)
Silice	33.00	3.66	18.00	3.60	3.30
Alumine	traces	—	1.20	2.00	1.00
Peroxyde de fer	56.66	59.70	66.43	85.83	90.00
Oxyde rouge de manganèse	—	5.90	7.20	3.00	1.60
Chaux	—	—	0.33	0.66	—
Magnésie	—	—	traces	0.33	—
Acide sulfurique	0.30	0.20	traces	0.06	traces
Acide phosphorique	traces	traces	traces	traces	traces
Perte par calcination	9.66	30.33	6.67	4.00	4.00
Total	99.62	99.79	99.83	99.48	99.90

Nom de la personne qui a fait l'envoi : (35, 36) M. Dussard. — (37) M. Petitgand. — (38, 39) M. de Zeppenfeld.

Date de l'analyse : (35, 36) juillet 1867. — (37) juillet 1872. — (38, 39) septembre 1872.

MINERAIS DE FER.

Nature : Fer carbonaté (43, 46, 47). — Hématite brune (40 à 42, 44, 45).

Provenance : Arrondissement de Prades. — Canton de Prades. — Commune de Vernet-les-Bains. Col du Canigou (40 à 43). La Pinousse (44). Le Pontet (45). La Tourc (46, 47).

Analyse :

	(40)	(41)	(42)	(43)	(44)	(45)	(46)	(47)
Silice	2.60	3.30	2.00	0.60	2.30	2.00	1.30	2.00
Alumine	—	—	—	—	—	—	—	—
Peroxyde de fer	60.60	85.60	86.60	50.00	80.30	84.00	65.60	68.00
Oxyde rouge de manganèse	2.60	3.00	4.30	1.60	6.00	4.50	1.30	0.90
Chaux	2.00	—	—	3.60	traces	0.30	traces	traces
Magnésie	1.00	—	—	8.00	traces	traces	0.60	0.80
Acide sulfurique	0.60	0.20	0.30	0.50	—	—	—	—
Acide phosphorique	traces	traces	traces	traces	0.05	0.06	—	—
Perte par calcination	30.30	7.30	6.60	35.60	11.00	9.00	31.00	28.00
Total	99.70	99.40	99.80	99.90	99.65	99.86	99.80	99.70

Nom de la personne qui a fait l'envoi : (40 à 43) M. James Jaume. — (44 à 47) M. Bails.

Date de l'analyse : (40 à 43) août 1866. — (44 à 47) juillet 1874.

MINERAIS DE FER.

Nature : Hématite brune avec hématite rouge.

Provenance : Arrondissement de Prades. { Canton de Prades. — Commune de Vernet-les-Bains (48 à 51). Canton de Vinça. — Commune de Ballestavi (52).

Analyse :

	(48)	(49)	(50)	(51)	(52)
Silice / Alumine	2.66	23.33	23.33	22.60	7.00
Peroxyde de fer	87.00	67.00	65.66	60.66	70.50
Oxyde rouge de manganèse	traces	2.00	traces	traces	6.00
Chaux	—	—	—	5.33	traces
Magnésie	—	—	—	—	—
Acide sulfurique	0.33	0.50	0.50	1.50	—
Acide phosphorique	traces	traces	1.00	0.50	0.05
Perte par calcination	10.00	7.00	9.33	9.33	16.00
Total	99.99	99.83	99.82	99.92	99.55

Nom de la personne qui a fait l'envoi : (48 à 51) M. Robert. — (52) M. Domat.

Date de l'analyse : (26 à 29) juillet 1874. — (48 à 51) avril 1868. — (52) mars 1857.

MINERAIS DE FER.

Nature : Hématite brune avec fer oxydé hydraté.

Provenance : Arrondissement de Prades. — Canton de Saillagouse, près l'enclave espagnole de Llivia.

Analyse :

	(53)	(54)	(55)	(56)
Silice	4.60	4.60	4.30	5.60
Alumine	traces	2.00	2.60	2.00
Peroxyde de fer	77.00	75.00	72.60	71.60
Oxyde de manganèse	—	—	—	—
Chaux	traces	traces	0.30	—
Magnésie	traces	traces	traces	—
Acide sulfurique	0.80	0.60	0.40	0.60
Acide phosphorique	0.80	1.10	0.60	1.00
Perte par calcination	16.60	16.30	18.60	19.00
Total	99 80	99.60	99.40	99.80

Nom de la personne qui a fait l'envoi : M. Jacquemart.

Date de l'analyse : août 1877.

MINERAIS DE FER.

Nature : Hématite brune avec hématite rouge (57 à 59, 61 à 64). — Fer carbonaté (60).

Provenance : Arrondissement de Prades. — Canton d'Olette. { Commune de Sahorre. { Aytua (57). Saint-Coulgat (58). Sahorre (59). — Commune de Nyer. — Escoumps (60 à 64).

Analyse :

	(57)	(58)	(59)	(60)	(61)	(62)	(63)	(64)
Silice	5.00	4.66	5.30	3.00	6.00	3.00	9.60	12.00
Alumine	—	—	—	—	2.00	—	4.00	6.00
Peroxyde de fer	73.20	80.12	72.90	65.66	79.60	74.60	66.00	66.30
Oxyde rouge de manganèse	9.20	7.21	9.00	—	4.00	—	1.30	7.00
Chaux	—	—	—	1.50	traces	6.30	1.60	traces
Magnésie	—	—	—	—	traces	traces	6.00	2.00
Acide sulfurique	0.05	0.30	0.03	0.30	—	traces	0.10	traces
Acide phosphorique	0.11	traces	0.09	traces	0.09	0.09	0.06	0.12
Perte par calcination	12.00	7.33	12.30	29.00	8.00	16.00	11.00	6.50
Total	99.56	99.62	99.62	99.46	99.69	99.99	99.66	99.92

Nom de la personne qui a fait l'envoi : (58) M. Drussard. — (57, 59) M. Ch. Ledoux. — (60) M. Petitgand. — (61 à 64) M. Barbe.

Date de l'analyse : (58) juillet 1867. — (57, 59) mai 1875. — (60) janvier 1876. — (61) août 1875. — (62 à 64) juin 1876.

MINERAIS DE FER.

Nature : Hématite rouge (65). — **Hématite brune** (66 à 70).

Provenance : Arrondissement de Prades. — Canton d'Olette. { Commune d'Escaro (66 à 70). Commune de Canaveilles (65).

Analyse :

	(65)	(66)	(67)	(68)	(69)	(70)
Silice..........................	4.60	1.60	6.30	3.60	2.00	5.60
Alumine.........................	1.30	—	—	2.00	—	0.60
Peroxyde de fer...............	92.30	77.90	74.88	77.00	77.90	77.10
Oxyde rouge de manganèse....	—	7.00	7.40	6.30	8.00	6.00
Chaux...........................	—	0.60	0.60	0.50	0.20	0.30
Magnésie.......................	—	traces	traces	traces	traces	traces
Acide sulfurique...............	—	—	0.06	0.04	—	—
Acide phosphorique...........	0.03	0.06	0.06	0.09	0.12	traces
Perte par calcination..........	1.60	12.30	10.60	10.00	11.30	10.30
Total......	99.83	99.46	99.90	99.53	99.52	99.90

Nom de la personne qui a fait l'envoi : (65) M. Scharp. — (66 à 70) Compagnie du Canigou.

Date de l'analyse : (65) mai 1874. — (66 à 70) juin 1876.

DÉPARTEMENT DU BAS-RHIN.

NOMBRE DES ÉCHANTILLONS ANALYSÉS : **5.**

MINERAIS DE FER.

Nature : Minerai en grains.

Provenance : Arrondissement de Wissembourg. — Canton de Niederbronn. — Mine Éléonore (1 à 5).

Analyse

	(1)	(2)	(3)	(4)	(5)
Silice........................ } Alumine...................... }	3.66	46.60	30.00	28.60	60.00
Peroxyde de fer..............	61.00	42.60	55.30	58.00	31.60
Oxyde rouge de manganèse...	16.00	—	—	—	—
Chaux........................	5.00	traces	traces	1.00	traces
Magnésie..	—	—	—	—	—
Acide sulfurique..............	—	0.50	0.80	0.80	0.30
Acide phosphorique...........	0.33	0.20	traces	traces	traces
Perte par calcination..........	14.00	10.00	13.30	11.00	8.00
Total......	99.99	99.90	99.40	99.40	99.90

Nom de la personne qui a fait l'envoi : (1 à 5) M. Engelhardt.

Date de l'analyse : (1 à 5) octobre 1860.

DÉPARTEMENT DU HAUT-RHIN.

NOMBRE DES ÉCHANTILLONS ANALYSÉS : **2**.

MINERAIS DE FER.

Nature : Minerai en grains.

Provenance : Arrondissement de Belfort. { Canton de Belfort. — Commune de Roppe (1).
Canton de Delle. — Commune de Flèche-l'Église (2).

Analyse :

	(1)	(2)
Silice	30.60	31.00
Alumine	4.90	4.60
Peroxyde de fer	49.50	51.00
Oxyde rouge de manganèse	—	—
Chaux	—	—
Magnésie	—	—
Acide sulfurique	—	—
Acide phosphorique	traces	traces
Perte par calcination	14.60	13.30
Total	99.60	99.90

Nom de la personne qui a fait l'envoi : (1, 2) M. Frédéric Strohl.

Date de l'analyse : (1) août 1865. — (2) février 1861.

DÉPARTEMENT DU RHONE.

NOMBRE DES ÉCHANTILLONS ANALYSÉS : **20**.

MINERAIS DE FER.

Nature : Minerai en grains.

Provenance : Arrondissement de Lyon. — Canton de Givors. — Commune de Saint-Romain-en-Gier.

Analyse :

	(1)	(2)	(3)	(4)
Silice / Alumine	20.00	9.00	9.00	12.00
Peroxyde de fer	53.40	34.40	40.00	66.66
Oxyde rouge de manganèse	—	—	—	—
Chaux	7.80	26.70	25.50	3.60
Magnésie	—	—	—	—
Acide sulfurique	traces	traces	—	traces
Acide phosphorique	0 30	0.30	0.40	0.20
Perte par calcination	18.40	29.00	25.00	17.50
Total	99.90	99.40	99.90	99.96

Nom de la personne qui a fait l'envoi : M. Four.

Date de l'analyse : avril 1857.

MINERAIS DE FER.

Nature : Fer silicaté magnétique (5, 6). — Hématite brune (7). — Fer oligiste avec fer oxydulé (8 à 11).

Provenance : Arrondissement de Villefranche. — Canton et commune de Beaujeu.

Analyse :

	(5)	(6)	(7)	(8)	(9)	(10)	(11)
Silice	35.60	28.89	8.60	18.80	23.29	20.00	40.36
Alumine	7.89	12.58	4.15	8.90	12.58	3.13	5.45
Peroxyde de fer	27.10	37.97	69.85	61.74	60.24	75.35	35.00
Oxyde rouge de manganèse	2.50	traces	—	3.00	traces	—	1.66
Chaux	23.00	14.66	—	6.66	2.00	1.12	18.33
Magnésie	0.33	0.33	—	traces	traces	—	—
Acide sulfurique	0.05	traces	0.40	0.05	0.12	—	0.08
Acide phosphorique	0.19	0.20	0.20	0.19	0.25	0.20	0.19
Perte par calcination	3.33	4.37	16.00	0.66	0.66	—	—
Total	99.99	99.40	99.20	100.00	99.14	99.80	101.02

Nom de la personne qui a fait l'envoi : M. Garnier.

Date de l'analyse : (5 à 7) octobre 1872. — (8 à 11) janvier 1873.

MINERAIS DE FER.

Nature : Oligiste avec hématite brune.

Provenance : Arrondissement de Villefranche. — Canton et commune de Beaujeu.

Analyse :

	(12)	(13)	(14)	(15)
Silice	16.00	9.60	3.30	5.60
Alumine	3.90	traces	—	—
Peroxyde de fer	78.55	86.00	89.00	90.00
Oxyde rouge de manganèse	traces	—	0.60	0.80
Chaux	—	—	0.60	0.60
Magnésie	—	—	—	traces
Acide sulfurique	traces	—	0.20	0.10
Acide phosphorique	0.10	0.12	0.10	0.20
Perte par calcination	1.30	4.00	6.00	2.00
Total	99.85	99.72	99.80	99.30

Nom de la personne qui a fait l'envoi : M. Bergeron.

Date de l'analyse : juin 1856.

MINERAIS DE FER.

Nature : Fer oxydulé (16, 17). — Hématite brune avec hématite rouge (18 à 20).

Provenance : Arrondissement de Villefranche. — Canton de Tarare. { Commune de Pontcharra (16 à 18). Commune de Saint-Clément-sous-Valsonne (19). Commune de Saint-Forgeux (20).

Analyse :

	(16)	(17)	(18)	(19)	(20)
Silice	20.50	48.00	7.00	9.60	11.00
Alumine	—	—	2.00		
Peroxyde de fer	80.00	54.00	82.00	70.00	76.33
Oxyde rouge de manganèse	—	—	—	0.60	—
Chaux	traces	traces	1.00	6.66	4.00
Magnésie	—	—	—	—	—
Acide sulfurique	—	—	0.80	0.10	traces
Acide phosphorique	traces	traces	0.24	0.10	traces
Perte par calcination	—	—	6.60	12.60	8.33
Total	100.50	102.00	99.64	99.66	99.66

Nom de la personne qui a fait l'envoi : M. Bidremann.

Date de l'analyse : (16 à 18) juin 1856. — (19, 20) juillet 1864.

DÉPARTEMENT DE LA HAUTE-SAONE.

NOMBRE DES ÉCHANTILLONS ANALYSÉS : **78.**

MINERAIS DE FER.

Nature : Fer oxydé hydraté.

Provenance : Arrondissement de Gray. — Canton d'Autrey. — Communes de Lœuilley (1), d'Autrey (2 à 7), de Guittay (8).

Analyse :

	(1)	(2)	(3)	(4)	(5)	(6)	(7)	(8)
Silice / Alumine	27.60	30.00	10.33	27.60	33.80	14.00	13.66	42.66
Peroxyde de fer	33.00	57.66	62.46	59.00	45.30	72.80	71.33	43.33
Oxyde rouge de manganèse	traces	—	—	traces	—	traces	—	—
Chaux	18.48	—	3.33	traces	—	traces	—	—
Magnésie	—	—	—	—	—	—	—	—
Acide sulfurique	—	—	—	—	0.40	—	—	—
Acide phosphorique	traces	0.20	0.20	traces	0.30	traces	0.30	0.30
Perte par calcination	20.52	13.00	16.66	13.00	19.50	13.00	14.66	13.33
Total	99.60	99.86	99.52	99.60	99.30	99.80	99.95	99.62

Nom de la personne qui a fait l'envoi : (5 à 7) M. Strohl. — (1 à 4, 8) M. Petit-Guyot.

Date de l'analyse : (1 à 4) janvier 1861. — (2 à 7) août 1861. — (8) janvier 1862.

MINERAIS DE FER.

Nature : Fer oxydé hydraté.

Provenance : Arrondissement de Gray. — Canton d'Autrey. { Commune d'Auvet-et-la-Chapelotte (9 à 11). Commune de Bouhans-et-Feurg (12 à 14). — Villefonvaux (15).

Analyse :

	(9)	(10)	(11)	(12)	(13)	(14)	(15)
Silice	14.30	36.50	37.50	26.60	16.60	30.00	33.33
Alumine	9.60	10.40	8.30	7.00	9.70		
Peroxyde de fer	59.00	41.38	40.40	47.66	34.40	56.00	45.00
Oxyde rouge de manganèse	2.60	0.20	0.60	3.00	traces	traces	3.66
Chaux	—	0.60	1.60	—	15.00	traces	—
Magnésie	—	—	—	—	—	—	—
Acide sulfurique	—	—	traces	—	traces	—	—
Acide phosphorique	0.15	0.15	0.18	0.18	0.20	traces	0.20
Perte par calcination	14.00	10.60	11.30	13.30	24.00	13.50	17.66
Total	99.65	99.83	99.88	99.74	99.90	99.50	99.85

Nom de la personne qui a fait l'envoi : (9 à 14) M. Saglio. — (15) M. Petit-Guyot.

Date de l'analyse : (9 à 14) mars 1875. — (15) janvier 1861.

MINERAIS DE FER.

Nature : Minerai en grains.

Provenance : Arrondissement de Gray.
- Canton d'Autrey.
  - Commune de Montureux-et-Prantigny (17).
  - Commune de Nantilly (16).
  - Commune d'Oyrières (18).
- Canton de Dampierre-sur-Salon. — Commune de Renaucourt (19).
- Canton de Fresnes-Saint-Mamès. — Commune de Beaujeux (20 à 22).

Analyse :

	(16)	(17)	(18)	(19)	(20)	(21)	(22)
Silice	26.66 (Silice et Alumine)	18.00 (Silice et Alumine)	25.00	17.00	7.33	20.00	24.00
Alumine			14.50	6.60	6.00	18.00	11.00
Peroxyde de fer	59.33	66.33	38.30	58.00	67.66	48.80	51.00
Oxyde rouge de manganèse	—	—	1.30	2.30	—	—	traces
Chaux	—	—	4.60	0.60	3.33	0.30	0.60
Magnésie	—	—	traces	0.30	traces	traces	0.30
Acide sulfurique	—	—	—	—	—	0.12	0.10
Acide phosphorique	0.40	0.30	0.30	0.12	traces	0.18	0.14
Perte par calcination	13.33	15.33	16.00	15.00	15.66	12.00	12.66
Total	99.72	99.96	100.00	99.92	99.98	99.40	99.80

Nom de la personne qui a fait l'envoi : (16, 17) M. Bour. — (18, 19) M. Saglio. — (20 à 22) M. Jourdan.

Date de l'analyse : (16, 17) janvier 1862. — (18) mars 1875. — (19) juin 1872. — (20 à 22) avril 1873.

MINERAIS DE FER.

Nature : Minerai en grains.

Provenance : Arrondissement de Gray. — Canton de Gray.
- Commune de Gray (23 à 26).
- Commune d'Onay (27).
- Commune de Vallesmes (28, 29).

Analyse :

	(23)	(24)	(25)	(26)	(27)	(28)	(29)
Silice	30.00	26.60	24.60	30.30	33.33 (Silice et Alumine)	12.40 (Silice et Alumine)	51.40 (Silice et Alumine)
Alumine	7.60	7.00	8.00	4.80			
Peroxyde de fer	47.72	50.00	50.66	50.80	53.33	73.00	40.00
Oxyde rouge de manganèse	2.00	1.60	1.80	—	—	—	—
Chaux	0.60	0.60	0.40	—	—	1.00	—
Magnésie	0.30	0.30	0.20	—	—	—	—
Acide sulfurique	traces	traces	traces	traces	—	—	—
Acide phosphorique	0.38	0.12	0.36	traces	0.30	traces	traces
Perte par calcination	11.00	13.60	13.30	13.80	13.00	13.00	8.40
Total	99.60	99.82	99.32	99.70	99.96	99.40	99.80

Nom de la personne qui a fait l'envoi : (23 à 26) M. Saglio. — (27) M. F. Strohl. — (28, 29) M. Bour.

Date de l'analyse : (23 à 26) décembre 1874. — (27) juillet 1860. — (28, 29) janvier 1862.

MINERAIS DE FER.

Nature : Minerai en grains (30, 33, 36 à 38). — Hématite brune (34, 35).

Provenance : Arrondissement de Gray. — Canton de Gy. — Commune de Frasne-le-Château.

Analyse :

	(30)	(31)	(32)	(33)	(34)	(35)	(36)	(37)	(38)
Silice } Alumine	13.00	7.50	18.00	3.60	13.60	3.30			
Silice							15.00	20.30	17.30
Alumine							8.20	14.00	8.00
Peroxyde de fer	59.50	85.00	67.00	88.40	73.30	89.00	34.10	35.00	53.00
Oxyde rouge de manganèse	—	—	—	—	1.90	traces	—	—	—
Chaux	12.00	traces	2.00	traces	traces	traces	18.00	10.00	4.00
Magnésie	—	—	—	—	—	—	—	—	—
Acide sulfurique	traces	traces	—	—	0.02	0.03	—	—	—
Acide phosphorique	traces	traces	0.30	0.20	0.06	traces	0.30	traces	traces
Perte par calcination	15.00	7.50	12.60	7.30	11.00	7.60	24.00	20.60	17.00
Total	99.50	100.00	99.90	99.50	99.88	99.93	99.60	99.90	99.30

Nom de la personne qui a fait l'envoi : (30 à 33) M. de Magnoncourt. — (34, 35) M. Ricot. — (36 à 38) M. Durozey.

Date de l'analyse : (30 à 33) mai 1857. — (34, 35) juin 1857. — (36 à 38) juillet 1868.

MINERAIS DE FER.

Nature : Minerai en grains (39, 43, 45, 47). — Hématite brune (44).

Provenance : Arrondissement de Gray. — Canton de Gy.
- Commune de la Chapelle-Saint-Quillain (39 à 43).
- Commune de Gy (44).
- Commune de Vaux-le-Moncelot (45).
- Commune de Vellefrey (46, 47).

Analyse :

	(39)	(40)	(41)	(42)	(43)	(44)	(45)	(46)	(47)
Silice	21.00	31.00	17.30	33.60	25.00	16.00	9.00	40.00	26.60
Alumine	6.20	5.90	8.20	6.10	8.60	5.20	4.00	3.33	4.40
Peroxyde de fer	56.50	48.10	56.80	45.90	52.00	52.70	76.00	43.33	53.00
Oxyde rouge de manganèse	—	—	—	—	—	10.80	—	—	—
Chaux	—	—	—	—	—	1.70	—	—	—
Magnésie	—	—	—	—	—	0.60	—	—	—
Acide sulfurique	traces	traces	traces	traces	0.50	—	—	—	—
Acide phosphorique	traces	traces	traces	traces	0.30	0.06	0.66	0.30	traces
Perte par calcination	16.00	15.00	17.30	14.00	13.50	12.70	10.00	13.00	16.00
Total	99.70	100.00	99.60	99.60	99.90	99.76	99.66	99.96	100.00

Nom de la personne qui a fait l'envoi : (39 à 43) M. Frédéric Strohl. — (45) M. Molt. — (46, 47) M. Bour. — (44) M. Tauzin.

Date de l'analyse : (39 à 41) juillet 1860. — (42, 43) janvier 1861. — (46, 47) février 1861. — (44) mai 1877. — (45) juillet 1877.

MINERAIS DE FER.

Nature : Minerai en grains (48 à 50). — Fer oxydé hydraté (51, 52).

Provenance : Arrondissement de Gray.
- Canton de Pesmes. Commune de Montsenguy (48, 49). — Bois de Hont (50).
- Canton de Saint-Loup-lès-Gray.
  - Commune de Conflans-sur-Lanterne (51).
  - Commune de Fleury-sur-Lanterne (52).

Analyse :

	(48)	(49)	(50)	(51)	(52)
Silice	15.50	8.60	14.00	24.80	18.80
Alumine		5.55	7.60	3.00	3.30
Peroxyde de fer	60.66	68.15	33.40	28.40	38.60
Oxyde rouge de manganèse	—	2.60	—	—	—
Chaux	5.83	2.60	19.60	22.60	17.60
Magnésie	—	traces	0.05	—	—
Acide sulfurique	—	—	—	—	—
Acide phosphorique	0.30	0.15	0.25	traces	traces
Perte par calcination	17.66	12.30	25.00	20.80	21.60
Total	99.95	99.95	99.90	99.60	99.90

Nom de la personne qui a fait l'envoi : (48 à 50) M. Saglio. — (51) M. Ricot. — (52) M. Bour.

Date de l'analyse : (48 à 50) mars 1875. — (51) août 1861. — (52) janvier 1862.

MINERAIS DE FER.

Nature : Fer oligiste et hématite brune.

Provenance : Arrondissement de Lure.
- Canton de Faucogney. — Commune d'Esmoulières (53).
- Canton d'Héricourt.
  - Commune d'Héricourt-et-Saint-Valbert (54).
  - Commune de Chagey-et-Genechière (55).
- Canton de Mélisey. — Commune de Servance.

Analyse :

	(53)	(54)	(55)	(56)	(57)
Silice	0.30	16.00	45.40	0.60	15.00
Alumine	—		6.20	—	—
Peroxyde de fer	95.30	22.30	39.40	94.60	82.60
Oxyde rouge de manganèse	—	—	—	—	—
Chaux	traces	36.40	5.00	0.60	0.60
Magnésie	—	—	—	—	0.30
Acide sulfurique	—	—	0.80	—	0 03
Acide phosphorique	0.36	traces	traces	0.30	traces
Perte par calcination	3.60	25.20	3.00	3.60	1.30
Total	99.56	99.90	99.80	99.70	99.83

Nom de la personne qui a fait l'envoi : (54, 55) M. Henry. — (56, 57) M. Moffre. — (53) M. Deherrypon.

Date de l'analyse : (53) décembre 1863. — (54, 55) décembre 1876. — (56, 57) juillet 1877.

MINERAIS DE FER.

Nature : Hématites brune et rouge.

Provenance : Arrondissement de Vesoul.
- Canton de Noroy-le-Bourg. — Commune de Calmoutiers (58, 59).
- Canton de Vitrey-sur-Mance. — Commune de Noroy-les-Jussey (60, 61).
- Canton de Scey-sur-Saône. Commune de Chemilly (64). Commune de Lieffrans (63). Commune de Traves (62).

Analyse :

	(58)	(59)	(60)	(61)	(62)	(63)	(64)
Silice	17.33	8.00	16.30	10.00	28.40	48.20	44.00
Alumine			9.00	8.00	5.00	8.60	10.00
Peroxyde de fer	36.00	84.33	35.67	41.00	47.00	32.60	34.00
Oxyde rouge de manganèse	traces	traces	—	—	—	—	—
Chaux	22.33	4.00	14.66	16.60	4.20	—	—
Magnésie	0.25	0.27	2.66	1.20	—	—	—
Acide sulfurique	0.60	0.40	0.14	1.12	—	—	—
Acide phosphorique	0.30	0.60	0.98	0.14	traces	traces	traces
Perte par calcination	23.00	2.33	20.50	21.60	15.40	10.20	12.00
Total	99.81	99.93	99.91	99.68	100.00	99.60	100.00

Nom de la personne qui a fait l'envoi : (58, 59) M. Deherrypon. — (60) M. Benoist. — (61) M. Guebhard. — (62 à 64) M. Ricot.

Date de l'analyse : (58, 59) décembre 1863. — (60) décembre 1861. — (61) février 1873. — (62 à 64) août 1861.

MINERAIS DE FER.

Nature : Hématites brune et rouge.

Provenance : Arrondissement de Vesoul. — Canton et commune de Jussey.

Analyse :

	(65)	(66)	(67)	(68)	(69)	(70)	(71)	(72)	(73)
Silice	33.30	18.00	17.00	16.60	20.00	40.00	18.20	4.67	4.00
Alumine							3.66	8.33	5.33
Peroxyde de fer	40.30	52.00	55.00	48.30	51.00	35.00	48.30	40.00	50.67
Oxyde rouge de manganèse	—	—	—	—	—	—	—	—	—
Chaux	9.50	9.30	8.00	13.30	11.00	8.30	12.40	22.33	19.33
Magnésie	1.50	1.00	2.60	traces	traces	traces	—	1.00	0.67
Acide sulfurique	—	—	—	—	—	—	—	0.11	traces
Acide phosphorique	0.30	0.40	0.30	0.40	0.30	0.60	traces	0.31	0.25
Perte par calcination	15.00	19.00	17.00	21.00	17.30	15.60	17.40	23.00	19.00
Total	99.90	99.70	99.90	99.60	99.60	99.50	99.96	99.75	99.25

Nom de la personne qui a fait l'envoi : (65 à 70) M. Ricot. — (71 à 73) M. Gambaro.

Date de l'analyse : (65 à 68) août 1861. — (69, 70) novembre 1864. — (71 à 73) août 1872.

MINERAIS DE FER.

Nature : Fer oxydé hydraté.

Provenance : Arrondissement de Lure. — Canton de Saulx. { Commune de Chatenois (74 à 76). Commune de Saulx (77, 78).

Analyse :

	(74)	(75)	(76)	(77)	(78)
Silice	21.60	25.00	16.60	12.00	18.00
Alumine	6.60	5.80	8.60		
Peroxyde de fer	56.40	53.50	61.40	60.00	43.60
Oxyde rouge de manganèse	—	—	—	—	—
Chaux	—	—	—	8.50	16.00
Magnésie	—	—	—	—	—
Acide sulfurique	0.20	traces	0.30	0.30	traces
Acide phosphorique	traces	traces	0.20	0.40	traces
Perte par calcination	15.00	15.60	12.30	18.30	22.00
Total	99.80	99.90	99.40	99.50	99.60

Nom de la personne qui a fait l'envoi : M. Frédéric Strohl.

Date de l'analyse : juillet 1860.

DÉPARTEMENT DE SAONE-ET-LOIRE.

NOMBRE DES ÉCHANTILLONS ANALYSÉS : 12.

MINERAIS DE FER.

Nature : Minerai oolithique.

Provenance : Arrondissement d'Autun. — Canton et commune de Couches-les-Mines. — Mazenay.

Analyse :

	(1)	(2)	(3)	(4)	(5)	(6)
Silice / Alumine	12.60	12.50	10.50	14.00	13.00	14.00
Peroxyde de fer	53.50	50.00	52.50	54.00	46.00	48.50
Oxyde rouge de manganèse	—	—	—	—	—	—
Chaux	13 40	17.00	16.00	12.00	17.50	15.50
Magnésie	0.70	0.50	0.70	traces	0.90	0.35
Acide sulfurique	0.30	0.30	0.10	1.00	0.60	0.60
Acide phosphorique	1.00	0.60	0.60	0.50	0.40	traces
Perte par calcination	18.00	19.00	19.00	18.00	21.50	21.00
Total	99.50	99.90	99.40	99.50	99.90	99.95

Nom de la personne qui a fait l'envoi : M. Schneider.

Date de l'analyse : (1 à 5) février 1860. — (6) mai 1860.

MINERAIS DE FER.

Nature : Hématite brune (7, 8). — Hématite brune avec hématite rouge (9, 10). — Hématite rouge (11). — Fer oxydé hydraté (12).

Provenance : Arrondissement de Charolles. — Canton et commune de Marcigny (7, 8).
Arrondissement de Châlon. — Canton de Givry. — Commune de Charrecey (11, 12). — Chizeuil (9, 10).

Analyse :

	(7)	(8)	(9)	(10)	(11)	(12)
Silice / Alumine	7.00	11.66	6.00	2.00	7.00	23.00
Peroxyde de fer	78.66	74.66	88.00	91.00	92.90	43.40
Oxyde rouge de manganèse	—	—	—	—	—	—
Chaux	—	—	—	—	—	6.00
Magnésie	—	—	—	—	—	—
Acide sulfurique	traces	—	traces	—	0.40	0.12
Acide phosphorique	traces	traces	traces	traces	traces	0.20
Perte par calcination	13.60	11.66	6.00	6.60	—	27.00
Total	99.26	99.98	100.00	99.60	100.00	99.72

Nom de la personne qui a fait l'envoi : (7, 8) M. Chagot. — (9, 10) M. Four. — (11, 12) M. Moissenet.

Date de l'analyse : (7, 8) mars 1857. — (9) avril 1857. — (10) octobre 1857. — (11, 12) janvier 1864.

DÉPARTEMENT DE LA SARTHE.

NOMBRE DES ÉCHANTILLONS ANALYSÉS : 4.

MINERAIS DE FER.

Nature : Fer oxydé hydraté.

Provenance : Arrondissement de la Flèche. — Canton de Brulon. — Commune de Tassé (1).
Arrondissement du Mans. Canton du Mans. — Commune de Rouillon (2).
Canton de Loué. — Commune de Saint-Denis-d'Orques (3); la Sorterie (4).

Analyse :

	(1)	(2)	(3)	(4)
Silice	12.00	3.00 (silice et alumine)	32.40 (silice et alumine)	18.00
Alumine	5.00			9.00
Peroxyde de fer	66.66	85.60	60.00	56.70
Oxyde rouge de manganèse	—	—	—	—
Chaux	—	—	2.00	—
Magnésie	—	—	—	—
Acide sulfurique	0.15	0.30	0.30	0.15
Acide phosphorique	0.60	0.30	0.30	0.83
Perte par calcination	15.00	10.30	5.00	15.06
Total	99.41	99.70	99.90	99.68

Nom de la personne qui a fait l'envoi : (1) M. Juncker. — (2 à 4) M. Doré.

Date de l'analyse : (1) octobre 1866. — (2, 3) septembre 1860. — (4) octobre 1873.

DÉPARTEMENT DE LA SAVOIE.

NOMBRE DES ÉCHANTILLONS ANALYSÉS : 7.

MINERAIS DE FER.

Nature : Fer oligiste avec fer oxydulé (1, 4, 5). — Fer oxydé hydraté (2, 6). — Fer carbonaté (3, 7).

Provenance :
- Arrondissement de Chambéry.
  - Canton et commune d'Aix-les-Bains (7).
  - Canton et commune de la Motte-Servolex (6).
  - Canton de la Rochette. — Commune d'Arvillard (4, 5).
- Arrondissement de Saint-Jean-de-Maurienne.
  - Canton d'Aiguebelle. — Commune de St-Georges-des-Hurtières (3).
  - Canton de Lans-le-Bourg. — Commune de Bonneval (2).
- Arrondissement de Moutiers. — Canton et commune de Moutiers (1).

Analyse :

	(1)	(2)	(3)	(4)	(5)	(6)	(7)
Silice	0.80	27.00	7.00	0.66	3.33	10.30	0.83
Alumine	—	—	—	—	—	12.00	—
Peroxyde de fer	93.30	56.66	47.30	99.66	97.00	59.90	12.04
Oxyde rouge de manganèse	—	—	traces	—	—	1.70	1.96
Chaux	—	traces	2.00	—	—	1.30	34.67
Magnésie	—	—	12.00	—	—	traces	8.33
Acide sulfurique	5.00	0.33	0.30	—	—	0.08	0.10
Acide phosphorique	—	—	0.20	—	—	0.06	0.10
Perte par calcination	—	16.00	31.00	—	—	14.60	41.67
Total	99.10	99.99	99.80	100.32	100.33	99.94	99.70

Nom de la personne qui a fait l'envoi : (1) M. Rivail. — (2) M. Amondruz. — (3) M. Goldschmidt. — (4, 5) M. Boulangier. — (6) M. Grange. — (7) M. Lelarge.

Date de l'analyse : (1) septembre 1864.— (2) mars 1865.— (3) août 1865.— (4, 5) juin 1866. — (6) septembre 1872.— (7) mars 1876.

DÉPARTEMENT DE SEINE-ET-OISE.

NOMBRE DES ÉCHANTILLONS ANALYSÉS : 3.

MINERAIS DE FER.

Nature : Fer oxydé hydraté.

Provenance : Arrondissement de Corbeil. — Canton et commune d'Arpajon; Baville (1, 2); Oltainville (3).

Analyse :

	(1)	(2)	(3)
Silice	41.50	9.00	21.60
Alumine			5.60
Peroxyde de fer	49.00	98.50	54.00
Oxyde rouge de manganèse	—	—	—
Chaux	—	—	0.60
Magnésie	—	—	traces
Acide sulfurique	0.30	0.35	—
Acide phosphorique	traces	traces	0.60
Perte par calcination	9.00	16.00	17.60
Total	99.80	99.85	99.70

Nom de la personne qui a fait l'envoi : M. Lemonnyer.

Date de l'analyse : (1, 2) août 1864. — (3) août 1877.

DÉPARTEMENT DE LA SEINE-INFÉRIEURE.

NOMBRE DES ÉCHANTILLONS ANALYSÉS : **3**.

MINERAIS DE FER.

Nature : Fer oxydé hydraté jaune.

Provenance : Arrondissement de Neufchâtel. — Canton de Neufchâtel. { Commune de Saint-Saire (1). Commune de Nesle-Hodeng (2, 3).

Analyse :

	(1)	(2)	(3)
Silice	29.00	18.00	9.00
Alumine		2.30	2.60
Peroxyde de fer	58.60	62.30	71.60
Oxyde rouge de manganèse	—	—	—
Chaux	traces	0.30	1.00
Magnésie	traces	traces	0.20
Acide sulfurique	0.70	0.12	traces
Acide phosphorique	0.30	0.20	0.25
Perte par calcination	11.30	16.60	15.00
Total	99.90	99.82	99.65

Nom de la personne qui a fait l'envoi : M. Bontemps.

Date de l'analyse : (1) juin 1876. — (2, 3) août 1864.

DÉPARTEMENT DU TARN.

NOMBRE DES ÉCHANTILLONS ANALYSÉS : **15**.

MINERAIS DE FER.

Nature : Hématite rouge avec hématite brune (1 à 6). — Hématite brune (7, 8).

Provenance : Arrondissement d'Alby. — Canton et commune d'Alby (1 à 6) ; Rieussec (7, 8).

Analyse :	(1)	(2)	(3)	(4)	(5)	(6)	(7)	(8)
Silice	27.00	5.00	3.60	5.00	2.60	5.00	8.00	0.60
Alumine	—	—	traces	1.60	0.40	—	4.00	0.30
Peroxyde de fer	64.70	86.67	20.00	87.00	66.00	86.67	73.20	81.60
Oxyde de manganèse	—	—	60.00	—	23.00	—	—	—
Chaux	traces	1.33	traces	—	traces	1.33	0.10	0.12
Magnésie	—	—	0.20	—	0.60	—	traces	traces
Acide sulfurique	—	—	—	—	—	traces	0.04	0.05
Acide phosphorique	0.10	traces	—	0.06	traces	traces	0.15	0.19
Perte par calcination	8.00	7.00	16.00	6.30	6.80	7.00	14.50	16.60
Total	99.80	100.00	99.80	99.96	99.40	100.00	99.99	99.46

Nom de la personne qui a fait l'envoi : (1, 2) M. Toujan. — (3) M. de Saint-Gilles. — (4 à 6) M. Durozey. — (7, 8) M. François.

Date de l'analyse : (1, 2) avril 1860. — (3) février 1868. — (4 à 6) août 1877. — (7, 8) mars 1874.

MINERAIS DE FER.

Nature : Fer oligiste (9, 15). — Fer oxydulé (14). — Hématite brune avec hématite rouge (10 à 13).

Provenance : Arrondissement de Castres. { Canton de Saint-Amans-Soult. — Commune de la Bastide-Rouayroux (9).
Canton de Montredon. — Commune de Montrouyouls (10 à 13). — Peyriac (14, 15).

Analyse :	(9)	(10)	(11)	(12)	(13)	(14)	(15)
Silice	6.00	6.33	3.00	8.00	9.33	8.40	40.00
Alumine	—	2.00	1.33	2.33	3.00	1.30	19.00
Peroxyde de fer	92.30	11.33	43.33	83.00	81.67	90.00	40.30
Oxyde rouge de manganèse	—	68.90	41.34	traces	—	—	—
Chaux	0.60	traces	traces	0.33	0.33	traces	traces
Magnésie	0.20	traces	traces	—	—	0.30	0.20
Acide sulfurique	—	—	—	0.41	0.34	0.16	0.12
Acide phosphorique	—	0.25	0.31	traces	traces	traces	traces
Perte par calcination	0.40	11.00	10.67	5.33	5.00	—	—
Total	99.50	99.81	99.98	99.40	99.67	100.16	99.62

Nom de la personne qui a fait l'envoi : (9) M. François. — (10 à 13) M. Durozey. — (14, 15) M. Gorsse.

Date de l'analyse : (9) juin 1874. — (10 à 13) février 1863. — (14, 15) décembre 1871.

DÉPARTEMENT DE TARN-ET-GARONNE.

NOMBRE DES ÉCHANTILLONS ANALYSÉS : **7**.

MINERAIS DE FER.

Nature : Minerais en grains.

Provenance :
- Arrondissement de Moissac. — Canton de Bourg-de-Visa. — Commune de Brassac (1).
- Arrondissement de Montauban.
  - Canton et commune de Saint-Antonin (2, 3).
  - Canton et commune de Caylus (4).
  - Canton de Monclar. — Commune de Bruniquel (5).
  - Canton de Negrepelisse. — Forêt de la Garrigue (6). — Pousiniès (7).

Analyse :

	(1)	(2)	(3)	(4)	(5)	(6)	(7)
Silice	28.00	14.00	23.60	36.67	14.33	15.80	17.00
Alumine	6.00	12.52	14.60	8.33	16.00	5.00	5.30
Peroxyde de fer	60.16	58.90	49.72	43.00	53.33	64.00	62.00
Oxyde rouge de manganèse	—	—	—	—	—	—	—
Chaux	—	—	—	0.67	1.33	—	—
Magnésie	—	—	—	0.33	traces	—	—
Acide sulfurique	0.11	0.09	0.08	—	—	traces	traces
Acide phosphorique	0.25	0.06	0.01	0.37	traces	0.30	0.38
Perte par calcination	5.33	14.33	11.66	10.33	14.67	14.60	15.00
Total	99.85	99.90	99.67	99.70	99.66	99.70	99.68

Nom de la personne qui a fait l'envoi : (1) M. Chaper. — (2, 3) M. Baudin. — (4) M. Cavaillé. — (5) M. Deseilligny. — (6, 7) M. de Brissac.

Date de l'analyse : (1) mars 1871. — (2, 3) octobre 1871. — (4, 5) août 1872. — (6, 7) août 1874.

DÉPARTEMENT DU VAR.

NOMBRE DES ÉCHANTILLONS ANALYSÉS : 7.

MINERAIS DE FER.

Nature : Hématite brune (1, 4, 5, 6). — Fer micacé (2, 3, 7).

Provenance : Arrondissement de Brignoles. — Canton de Besse-sur-Issole. — Commune de Cabasse (3, 4). Arrondissement de Draguignan. — Canton et com. de Draguignan (1, 2); Urvières (5); Beausoleil (6); Bagna (7).

Analyse :

	(1)	(2)	(3)	(4)	(5)	(6)	(7)
Silice .... / Alumine	16.00	0.50	41.00	56.30	3.60	4.30	16 30 / 3.80
Peroxyde de fer..............	66.60	98.60	50.00	31.30	53.90	82.60	78.60
Oxyde rouge de manganèse.....	4.00	—	—	—	—	—	—
Chaux.......................	—	—	—	—	20.00	0.60	1.60
Magnésie.....................	—	—	—	—	0.30	0.05	traces
Acide sulfurique.............	traces	0.50	0.40	—	0.15	0.34	—
Acide phosphorique...........	traces	—	0.20	0.30	0.20	0.10	0.10
Perte par calcination..........	12.60	0.30	8.00	11.66	21.60	11.80	—
Total......	99.20	99.90	99.60	99.56	99.75	99.79	100.40

Nom de la personne qui a fait l'envoi : (1, 2) M. de Kervéguen. — (3) M. Camme. — (4) M. le général Roze. — (5) M. Maurin. — (6) M. Maréchal. — (7) M. Sudour.

Date de l'analyse : (1, 2) octobre 1861. — (3) avril 1864. — (4) mai 1868. — (5) juin 1869. — (6) janvier 1876. — (7) juillet 1877.

DÉPARTEMENT DE VAUCLUSE.

NOMBRE DES ÉCHANTILLONS ANALYSÉS : 2.

MINERAIS DE FER.

Nature : Fer oxydé hydraté.

Provenance : Arrondissement d'Avignon. — Canton et commune d'Avignon. — Tord (1, 2).

Analyse :

	(1)	(2)
Silice / Alumine	2.49	9.66
Peroxyde de fer	48.84	59.00
Oxyde rouge de manganèse	—	—
Chaux	22.66	11.00
Magnésie	—	traces
Acide sulfurique	traces	traces
Acide phosphorique	traces	0.10
Perte par calcination	26.00	20.00
Total	99.99	99.76

Nom de la personne qui a fait l'envoi : M. Garnier.

Date de l'analyse : mars 1864.

DÉPARTEMENT DE LA VENDÉE.

NOMBRE DES ÉCHANTILLONS ANALYSÉS : **4.**

MINERAIS DE FER.

Nature : Fer oxydé hydraté.

Provenance : Arrondissement de la Roche-sur-Yon. { Canton de Chantonnay. — Commune de St-Philbert-du-Pont-Charrault (3). Canton des Essarts. — Commune de la Ferrière-des-Chapelets (4). Canton de la Roche-sur-Yon. — Termelières (1, 2).

Analyse :

	(1)	(2)	(3)	(4)
Silice .... } Alumine.................... }	15.00	29.00	75.60	14.00 16.30
Peroxyde de fer...............	76.00	60.00	14.60	57.82
Oxyde rouge de manganèse....	—	—	4.90	—
Chaux......................	—	—	traces	—
Magnésie....................	—	—	traces	—
Acide sulfurique............	0.50	0.30	traces	0.06
Acide phosphorique...........	traces	0.30	traces	0.50
Perte par calcination.........	8.50	10.00	4.60	11.30
Total......	100.00	99.60	99.70	99.98

Nom de la personne qui a fait l'envoi : (1, 2) M. O. Sullivan. — (3) M. Papin. — (4) M. Monthiers.

Date de l'analyse : (1, 2) avril 1857. — (3) avril 1866. — (4) février 1875.

DÉPARTEMENT DE LA VIENNE.

NOMBRE DES ÉCHANTILLONS ANALYSÉS : 7.

MINERAIS DE FER.

Nature : Minerai pisolithique.

Provenance : Arrondissement de Montmorillon. — Canton de la Trimouille. — Commune de Journet (2, 3); Pizet (1); Villesalem (5, 6); Urich (4); les Verreries (7).

Analyse :

	(1)	(2)	(3)	(4)	(5)	(6)	(7)
Silice	43.00	25.80	16.00	11.60	12.00	18.00	18.30
Alumine			13.10	10.80	8.00	16.50	8.90
Peroxyde de fer	46.60	61.60	56.50	60.50	65.60	52.00	58.00
Oxyde rouge de manganèse	—	—	—	—	—	—	—
Chaux	—	—	0.80	0.50	—	0.60	2.00
Magnésie	—	—	0.10	0.15	—	0.15	0.20
Acide sulfurique	0.15	0.25	0.08	0.07	traces	0.10	0.14
Acide phosphorique	0.20	0.30	0.09	0.06	traces	0.05	0.12
Perte par calcination	10.00	12.00	13.00	16.00	13.60	12.30	12.00
Total	99.95	99.95	99.67	99.68	99.20	99.70	99.66

Nom de la personne qui a fait l'envoi : (1 à 4) M. Bruneteau. — (5, 6) M. Huot. — (7) M. Lafitte.

Date de l'analyse : (1 à 4) juillet 1864. — (5 à 7) octobre 1873.

DÉPARTEMENT DES VOSGES.

NOMBRE DES ÉCHANTILLONS ANALYSÉS : 3.

MINERAIS DE FER.

Nature : Hématite rouge.

Provenance : Arrondissement de Remiremont. — Canton de Plombières. — Commune de Val-d'Ajol.

Analyse :

	(1)	(2)	(3)
Silice	25.00	5.00	16.60
Alumine	—	—	—
Peroxyde de fer	72.00	93.50	82.30
Oxyde rouge de manganèse	—	—	—
Chaux	—	—	—
Magnésie	—	—	—
Acide sulfurique	0.05	—	—
Acide phosphorique	traces	traces	0.30
Perte par calcination	2.60	1.00	0.60
Total	90.65	99.50	99.80

Nom de la personne qui a fait l'envoi : (1, 2) M. Henry. — (3) M. Édouard.

Date de l'analyse : (1, 2) août 1858. — (3) mars 1865.

DÉPARTEMENT DE L'YONNE.

NOMBRE DES ÉCHANTILLONS ANALYSÉS : **6**.

MINERAIS DE FER.

Nature : Fer oxydé hydraté.

Provenance : Arrondissement d'Auxerre. — Canton et commune de Toucy (6).
Arrondissement de Tonnerre. — Canton de Cruzy-le-Chatel. — Commune de Sennevoy.

Analyse :

	(1)	(2)	(3)	(4)	(5)	(6)
Silice..................... / Alumine..................	35.00	40.00	15.50	15.00	15.00	16.00
Peroxyde de fer..............	52.00	44.00	69.60	68.30	71.00	23.00
Oxyde rouge de manganèse....	—	—	—	—	—	44.80
Chaux......................	traces	traces	traces	traces	traces	—
Magnésie....................	—	—	—	—	—	—
Acide sulfurique..............	—	—	—	—	—	0.20
Acide phosphorique...........	0.10	0.30	0.20	0.20	0.30	0.20
Perte par calcination..........	12.30	15.30	14.50	16.00	13.60	15.60
Total......	99.40	99.60	99.80	99.50	99.90	99.80

Nom de la personne qui a fait l'envoi : (1 à 5) M. de Sénarmont. — (6) M. Fakowski.

Date de l'analyse : (1 à 5) juillet 1861. — (6) mars 1863.

ALGÉRIE

DÉPARTEMENT D'ALGER.

NOMBRE DES ÉCHANTILLONS ANALYSÉS : 43.

MINERAIS DE FER.

Nature : Hématite brune avec hématite rouge.

Provenance : Arrondissement d'Alger. { Commune d'Alger; Bouzaréah (1, 2). Commune de Tenès (3 à 6).

Analyse :

	(1)	(2)	(3)	(4)	(5)	(6)
Silice	6.00	2.30	4.00	23.00	1.10	3.20
Alumine	3.60	—	1.40	traces	traces	traces
Peroxyde de fer	85.00	87.00	74.00	50.00	85.10	88.60
Oxyde rouge de manganèse	—	1.60	3.30	traces	2.00	1.90
Chaux	—	0.66	traces	1.60	0.60	0.10
Magnésie	—	—	traces	3.60	0.20	0.30
Acide sulfurique	traces	0.10	1.40	0.20	0.29	0.27
Acide phosphorique	0.12	traces	traces	0.25	traces	traces
Perte par calcination	5.00	8.33	11.00	21.00	10.60	5.60
Sulfate de baryte	—	—	—	traces	traces	traces
Cuivre	—	—	4.84	0.15	—	0.06
Total	99.72	99.99	99.94	99.80	99.89	99.73

Nom de la personne qui a fait l'envoi : (1, 2) M. Ville. — (3 à 5) M. de Guigné. — (6) M. Pelatan.

Date de l'analyse : (1, 2) août 7. — s 1873. — (6) avril 1873.

MINERAIS DE FER.

Nature : Hématite brune.

Provenance : Arrondissement d'Alger. Cercle de Tenès. — Tribu des Beni-Ak'Il.

Analyse :

	(7)	(8)	(9)	(10)	(11)	(12)	(13)
Silice	2.60	3.66	5.66	2.00	11.06	4.00	6.00
Alumine	—	2.00	4.00	—	6.60	—	3.00
Peroxyde de fer	74.50	73.50	68.17	79.14	63.72	74.69	71.14
Oxyde rouge de manganèse	1.66	5.38	5.00	4.60	1.77	4.66	2.66
Chaux	2.60	traces	1.00	0.66	0.33	1.60	2.60
Magnésie	2.00	2.00	1.66	0.66	2.00	2.00	0.66
Acide sulfurique	1.21	0.38	0.49	0.76	traces	traces	0.28
Acide phosphorique	traces	0.15	0.20	0.15	0.48	traces	0.14
Perte par calcination	15.20	12.66	13.66	12.00	14.00	12.66	13.33
Total	99.77	99.73	99.84	99.97	99.96	99.61	99.81

Nom de la personne qui a fait l'envoi : M. Frontault.

Date de l'analyse : octobre 1872.

MINERAIS DE FER.

Nature : Hématite brune.

Origine : Arrondissement d'Alger, cercle de Tenès. — Tribu des Beni-Ak'Il.

Analyse :

	(14)	(15)	(16)	(17)	(18)	(19)
Silice	4.33	2.66	6.50	0.50	9.60	3.20
Alumine	—	—	—	—	4.00	traces
Peroxyde de fer	79.72	84 47	76.50	84.07	73.45	88.60
Oxyde rouge de manganèse	0 66	2.80	2.76	6.06	traces	1.60
Chaux	1.00	0.33	1.66	traces	traces	0.10
Magnésie	1.00	0.66	0.66	traces	—	0.30
Acide sulfurique	0.11	0.14	0.11	0.10	0.07	0.27
Acide phosphorique	0 20	0.25	0.35	0.20	0.20	traces
Perte par calcination	12.66	8.66	11.33	9.00	12.33	5.60
Total	99.68	99.97	99.87	99.93	99.65	99.67

Nom de la personne qui a fait l'envoi : (14 à 18) M. Frontault. — (19) M. de Guigné.

Date de l'analyse : (14 à 18) octobre 1872. — (19) mars 1873.

MINERAIS DE FER.

Nature : Fer micacé avec hématite brune.

Provenance : Arrondissement de Blida. — Commune de Souma, près Boufarick (20 à 24). — Col des Beni-Ouich (25 à 27).

Analyse :

	(20)	(21)	(22)	(23)	(24)	(25)	(26)	(27)
Silice / Alumine	25.60	26.30	2.00	2.30	2.33	1.90	18.50	15.60
Peroxyde de fer	71.90	62.60	88.30	88.00	86.00	96.39	78.30	81.10
Oxyde rouge de manganèse	—	—	—	—	—	—	—	—
Chaux	—	—	1.00	1.00	1.33	—	0.66	0.30
Magnésie	—	—	traces	traces	traces	—	—	—
Acide sulfurique	0.40	0.40	0.10	0.10	0.20	0.20	0.06	0.10
Acide phosphorique	0.20	0.30	0.03	0.06	0.10	0.06	0.77	0.50
Perte par calcination	1.60	10.30	8.50	8.30	10.00	0.66	1.00	1.60
Total	99.70	99.90	99.93	99.76	99.96	99.21	99.29	99.60

Nom de la personne qui a fait l'envoi : (20, 21) M. Duruy de Graffenried. — (22 à 24) M. Mène. — (25 à 27) M. Boulangier.

Date de l'analyse : (20, 21) avril 1868. — (22 à 24) janvier 1870. — (25 à 27) juillet 1871.

MINERAIS DE FER.

Nature : Hématite brune (28, 32). — Fer oligiste (30, 31, 33, 34). — Fer oxydé hydraté (29).

Provenance : Arrondissement de Blida. — Commune de Cherchell. — Oued-Arbill.

Analyse :

	(28)	(29)	(30)	(31)	(32)	(33)	(34)	(35)
Silice	0.20	3.00	5.00	7.00	7.60	0.20	6.00	40.00
Alumine	—	1.30	—	3.00	4.00	—	2.60	20.60
Peroxyde de fer	90.00	79.30	88.30	87.30	74.30	99.00	52.60	30.30
Oxyde rouge de manganèse	—	—	—	—	—	—	—	—
Chaux	—	—	2.00	0.30	—	0.30	20.60	0 40
Magnésie	—	—	0.30	0.30	—	traces	0.60	0.30
Acide sulfurique	0.30	0.10	0.15	—	—	—	—	—
Acide phosphorique	0.20	0.25	0.20	—	0.12	traces	—	—
Perte par calcination	9.00	16.00	3.60	2.00	13.50	—	17.00	8.00
Total	99.70	99.95	99.55	99.90	99.52	99.50	99.40	99.60

Nom de la personne qui a fait l'envoi : M. Biet.

Date de l'analyse : juin 1876.

MINERAIS DE FER.

Nature : Hematite brune avec hématite rouge.

Provenance :
- Arrondissement de Blida.
  - Cercle de Cherchell. — Quartier de Gourayas. — Oued-Messelmoun (36 à 39).
  - Cercle de Médéa (40, 41).
- Arrondissement de Milliana. — Oued-Anacar (42), Oued-Rehan (43).

Analyse :

	(36)	(37)	(38)	(39)	(40)	(41)	(42)	(43)
Silice	2.60	1.00	1.60	8.00	28.60	44.00	6.00	3.00
Alumine	—	—	—	—	—	—	traces	—
Peroxyde de fer	76.60	71.60	88.90	81.10	63.00	55.00	80.00	87.70
Oxyde rouge de manganèse	traces	1.00	2.00	1.60	—	—	2.00	traces
Chaux	6.00	16.83	—	0.10	3.00	0.25	0.20	0.20
Magnésie	0.30	1.20	—	1.00	—	—	0.30	0.60
Acide phosphorique	traces	0.12	0.24	0.20	—	—	0.16	0.10
Acide sulfurique	traces	0.08	traces	0.02	0.30	traces	0.02	0.32
Perte par calcination	14.20	14.00	7.00	7.60	5.00	0.00	10.60	8.00
Sulfate de baryte	0.24	—	—	traces	—	—	0.50	—
Cuivre	—	0.15	—	0.35	—	—	—	—
Total	99.94	99.98	99.74	99.97	99.94	99.85	99.78	99.73

Nom de la personne qui a fait l'envoi : (36) M. Boyron.— (37 à 39, 42, 43) M. de Guigné.— (40) M. Barraud.—(41) M. Zuccharelli.

Date de l'analyse : (36) février 1873. — (37 à 39, 42, 43) mars 1873. — (40, 41) juillet 1873.

DÉPARTEMENT DE CONSTANTINE.

NOMBRE DES ÉCHANTILLONS ANALYSÉS : **101**.

MINERAIS DE FER.

Nature : Hématite brune (1, 4 à 6). — Fer oligiste et fer oxydulé (2, 3).

Provenance : Arrondissement de Bône : { Bône (1). — La Voile-Noire, à 12 kil. de Bône (6). — Tribu des Dyendell (Ouled-Attia) (2, 3). — La Calle. — Oued-el-Aroung (4). — Marouania. — Oued-el-Aneb (5).

Analyse :

	(1)	(2)	(3)	(4)	(5)	(6)
Silice	2.00	3.60	1.00	20.00	9.00	7.00
Alumine	—	traces	—	10.00	5.00	3.30
Peroxyde de fer	92.00	92.60	95.50	57.00	71.60	76.60
Oxyde rouge de manganèse	—	4.00	4.60	0.30	1.60	5.50
Chaux	—	traces	traces	0.30	—	0.20
Magnésie	—	traces	traces	traces	—	traces
Acide sulfurique	—	—	—	—	0.06	0.14
Acide phosphorique	—	0.04	0.03	0.09	0.08	0.15
Perte par calcination	5.66	—	—	12.00	12.60	7.00
Total	99.66	100.24	101.13	99.69	99.94	99.89

Nom de la personne qui a fait l'envoi : (1) M. Besson. — (2, 3) M. Michalowski. — (4) M. Messier de Saint-James. — (5) M. Chaper. — (6) M. Aribaud.

Date de l'analyse : (1) mars 1857. — (2, 3) février 1873. — (4) octobre 1874. — (5) avril 1876. — (6) juillet 1877.

MINERAIS DE FER.

Nature : Fer oxydulé magnétique avec hématite brune.

Provenance : Arrondissement et cercle de Bône. — Commune d'Aïn-Mokhra. — Mokta-el-Hadid.

Analyse :

	(7)	(8)	(9)	(10)	(11)	(12)	(13)
Silice / Alumine	0.30	1.60	1 60	6.20	5.00	1.33	1.66
Peroxyde de fer	94.00	89.60	90.90	88.00	88.60	95.00	94.00
Oxyde rouge de manganèse	2.20	2 70	3.30	2.00	4.00	1.29	traces
Chaux	—	—	—	—	—	—	—
Magnésie	—	—	—	—	—	—	—
Acide sulfurique	0.10	0.30	0.20	0.40	0.30	0.33	0.50
Acide phosphorique	—	—	—	—	traces	traces	traces
Perte par calcination	3.00	5.60	3.60	3.00	2.00	2.00	2.33
Total	99.60	99.80	99.60	99.60	99.90	99.95	99.49

Nom de la personne qui a fait l'envoi : M. Parran.

Date de l'analyse : août 1867.

MINERAIS DE FER.

Nature : Fer oxydulé magnétique.

Origine : Arrondissement et cercle de Bône. — Commune d'Aïn-Mokhra. — Mokta-el-Hadid.

Analyse :

	(14)	(15)	(16)	(17)	(18)	(19)	(20)	(21)
Silice ..... } Alumine..... }	2.00	0.66	0.66	1.00	1.33	2.00	1.00	0.33
Peroxyde de fer..............	95.30	97.00	95.33	94.35	94.20	95.66	95.00	97.60
Oxyde rouge de manganèse...	traces	traces	1.27	1.27	1.00	1.00	0.33	0.35
Chaux......................	—	—	—	—	—	—	—	—
Magnésie...................	—	—	—	—	—	—	—	—
Acide sulfurique..............	0.66	0.33	0.33	0.60	0.50	0.33	0.66	0.33
Acide phosphorique...........	—	—	—	—	traces	traces	—	—
Perte par calcination.........	2.00	2.00	2.00	2.33	2.33	1.00	3.00	1.00
Total......	99.96	99.99	99.59	99.55	99.36	99.99	99.99	99.61

Nom de la personne qui a fait l'envoi : M. Parran.

Date de l'analyse : août 1867.

MINERAIS DE FER.

Nature : Fer oxydulé magnétique.

Provenance : Arrondissement et cercle de Bône. — Commune d'Aïn-Mokhra. — Mokta-el-Hadid.

Analyse :

	(22)	(23)	(24)	(25)	(26)	(27)	(28)
Silice ..... } Alumine..... }	4.00	1.00	1.60	3.60	5.00	1.33	4.33
Peroxyde de fer..............	87.40	92.60	94.10	91.00	85.60	89.88	90.60
Oxyde rouge de manganèse....	5.60	4.00	2.60	2.00	6.00	6.40	3.33
Chaux......................	—	—	—	—	—	—	—
Magnésie...................	—	—	—	—	—	—	—
Acide sulfurique..............	0.30	0.30	0.30	0.30	0.20	0.20	0.40
Acide phosphorique...........	traces	traces	traces	—	—	—	—
Perte par calcination..........	2.60	2.00	1.00	2.60	3.00	2.00	1.00
Total......	99.90	99.90	99.60	99.50	99.80	99.61	99.66

Nom de la personne qui a fait l'envoi : M. Parran.

Date de l'analyse : août 1867.

MINERAIS DE FER.

Nature : Fer oxydé magnétique.

Provenance : Arrondissement et cercle de Bône. — Commune d'Aïn-Mokhra. — Mokta-el-Hadid.

Analyse :

	(29)	(30)	(31)	(32)	(33)	(34)
Silice / Alumine	4.66	5.33	1.33	0.66	1.30	1.60
Peroxyde de fer	91.33	86.35	96.33	94.90	93.00	92.40
Oxyde rouge de manganèse	traces	5.60	traces	1 66	3 60	3.60
Chaux	—	—	—	—	—	—
Magnésie	—	—	—	—	—	—
Acide sulfurique	0.20	0.50	0.50	0.66	0.20	0.20
Acide phosphorique	traces	—	—	traces	—	—
Perte par calcination	3.33	1.66	1.33	2.00	1.60	2.00
Total	99.52	99.44	99.49	99.88	99.70	99.80

Nom de la personne qui a fait l'envoi : M. Parran.

Date de l'analyse : août 1867.

MINERAIS DE FER.

Nature : Fer oxydulé magnétique.

rovenance : Arrondissement et cercle de Bône. — Commune d'Aïn-Mokhra. — Mokta-el-Hadid.

Analyse :

	(35)	(36)	(37)	(38)	(39)	(40)
Silice / Alumine	1.00	2.00	4.00	3.00	2.60	3.00
Peroxyde de fer	92.30	88.00	90.70	90.30	88.50	92.00
Oxyde rouge de manganèse	4.30	6.00	3.30	4.40	3.30	1.60
Chaux	—	—	—	—	—	—
Magnésie	—	—	—	—	—	—
Acide sulfurique	0.20	0.20	0.20	0.20	0.50	0.30
Acide phosphorique	—	—	traces	—	traces	traces
Perte par calcination	2.00	3.60	1.60	2.00	5.00	3.00
Total	99.80	99.80	99.80	99.90	99.90	99.90

Nom de la personne qui a fait l'envoi : M. Parran.

Date de l'analyse : août 1867.

MINERAIS DE FER.

Nature : Fer oxydulé magnétique avec calcaire.

Provenance : Arrondissement de Guelma.

Analyse :

	(41)	(42)	(43)
Silice	2.00	2.40	4.30
Alumine	1.00	—	1.20
Peroxyde de fer	86.60	62.60	31.60
Oxyde rouge de manganèse	4.00	6.00	1.30
Chaux	2.60	13.30	32.30
Magnésie	traces	0.30	0.30
Acide sulfurique	—	—	—
Acide phosphorique	0.06	0.10	0.12
Perte par calcination	3.60	15.30	28 60
Total	99.86	100.00	99.72

Nom de la personne qui a fait l'envoi : M. Gustave Cornet.

Date de l'analyse : octobre 1877.

MINERAIS DE FER.

Nature : Minerai de fer violet.

Provenance : Arrondissement et commune de Philippeville.

Analyse :

	(44)	(45)	(46)	(47)	(48)
Silice / Alumine	63.33	15.67	46.00	17.33	47.00
Peroxyde de fer	29.67	71.00	42.33	67.00	45.00
Oxyde rouge de manganèse	—	—	—	—	—
Chaux	1.67	2.00	2.00	2.67	1.67
Magnesie	—	—	—	—	—
Acide sulfurique	traces	0.60	0.67	0.33	0.67
Acide phosphorique	—	traces	traces	—	traces
Perte par calcination	5.00	10.67	8.67	12.33	5.33
Total	99.67	99.94	99.67	99.66	99.67

Nom de la personne qui a fait l'envoi : M. Challamel.

Date de l'analyse : décembre 1869.

MINERAIS DE FER.

Nature : Hématite brune et fer oligiste.

Provenance : Arrondissement et commune de Philippeville. — Filfila (49 à 52). — Stora (53).

Analyse :

	(49)	(50)	(51)	(52)	(53)
Silice	9.60	2.00	5.00	4.00	35.33
Alumine	5.50				
Peroxyde de fer	73.00	89.00	91.00	85.00	64.00
Oxyde rouge de manganèse	—	traces	traces	—	—
Chaux	—	traces	0.30	0.30	traces
Magnésie	—	—	—	—	—
Acide sulfurique	0.09	0.09	0.09	0.09	—
Acide phosphorique	0.11	traces	traces	traces	traces
Perte par calcination	11.30	8.30	3.60	10.00	0.33
Total	99.60	99.39	99.99	99.39	99.66

Nom de la personne qui a fait l'envoi : (49) M. Henry. — (50 à 52) M. Barbe. — (53) M. Zuccharelli.

Date de l'analyse : (49 à 52) août 1873. — (53) juillet 1867.

MINERAIS DE FER.

Nature : Fer micacé avec hématite brune.

Provenance : Arrondissement de Philippeville. — Filfila (54 à 57). — Aïn-Mazouan (58). — Oued-Kave (59, 60).

Analyse :

	(54)	(55)	(56)	(57)	(58)	(59)	(60)
Silice	5.30	9.00	3.00	4.30	2.60	2.60	0.80
Alumine	—	2.60	0.60	0.60	—	—	—
Peroxyde de fer	94.00	83.00	90.30	91.00	97.00	94.60	98.80
Oxyde rouge de manganèse	—	—	—	—	—	—	—
Chaux	—	—	0.30	0.30	0.20	0.60	—
Magnésie	—	—	0.20	traces	0.15	0.30	—
Acide sulfurique	0.06	0.07	traces	0.05	—	—	—
Acide phosphorique	—	—	0.12	0.10	0.05	traces	0.06
Perte par calcination	—	4.30	5.00	3.30	—	1.60	—
Acide titanique	0.20	0.40	0.20	0.15	traces	0.20	—
Total	99.56	99.37	99.72	99.80	100.00	99.90	99.66

Nom de la personne qui a fait l'envoi : (54 à 59) M. Barbe. — (60) M. Lesueur.

Date de l'analyse : (54, 55) mai 1875. — (56 à 59) novembre 1875. — (60) octobre 1876.

MINERAIS DE FER.

Nature : Hématite brune et minerai violet.

Provenance : Arrondissement de Philippeville. — Djijelli (61 à 67). — Beni-Fourhall (68).

Analyse :

	(61)	(62)	(63)	(64)	(65)	(66)	(67)	(68)
Silice	36.66	36.06	21.00	32.66	7.66	14.20	4.66	24.00
Alumine	9.72	8.08	6.99	10.49	4.86	7.62	2.67	10.00
Peroxyde de fer	44.88	45.58	60.60	46 85	69.82	65.12	76.88	53.00
Oxyde rouge de manganèse	—	—	—	—	traces	—	traces	—
Chaux	—	—	—	—	—	—	—	—
Magnésie	—	—	—	—	—	—	—	—
Acide sulfurique	0.10	0.20	0.50	traces	—	—	0.11	0.05
Acide phosphorique	0.06	0.06	0.08	0.04	0.32	0.05	traces	0.14
Perte par calcination	8.33	9.33	10.66	9.60	16.66	13.00	15.23	12.30
Total	99.75	99.31	99.23	99.64	99.32	99.99	99.55	99.49

Nom de la personne qui a fait l'envoi : (61 à 64) M. Challamel. — (65 à 67) M. Boulangier. — (68) M. Henry.

Date de l'analyse : (61 à 64) août 1870. — (65 à 67) novembre 1871. — (68) août 1873.

MINERAIS DE FER.

Nature : Fer oxydulé et fer oligiste.

Provenance : Arrondissement de Philippeville. — Cercle de Collo. — Aïn-Sedma (69 à 75).

Analyse :

	(69)	(70)	(71)	(72)	(73)	(74)	(75)
Silice	3.00	1.20	2.00	5.30	9.30	5.00	9.60
Alumine	—	—	—	—	3.00	0.60	3.00
Peroxyde de fer	100.00	101.50	100.60	91.00	90.00	90.00	85.60
Oxyde rouge de manganèse	0.20	0.30	traces	—	—	—	—
Chaux	—	—	0.15	1.00	traces	0.60	0.60
Magnésie	—	—	0.60	0.60	0.30	traces	0.30
Acide sulfurique	traces	traces	0.08	—	—	traces	traces
Acide phosphorique	traces	traces	0.07	0.15	—	—	—
Perte par calcination	—	—	—	1.60	—	—	0.10
Acide titanique	—	—	—	traces	0.20	3.00	—
Total	103.20	102.80	103.50	99.65	102.80	99.20	99.20

Nom de la personne qui a fait l'envoi : MM. Barbe et Besson.

Date de l'analyse : (69 à 71) avril 1874. — (72 à 75) novembre 1875.

MINERAIS DE FER.

Nature : Fer oxydulé avec fer oligiste ou hématite brune.

Provenance : Arrondissement de Philippeville. — Cercle de Collo. — Aïn-Sedma.

Analyse :

	(76)	(77)	(78)	(79)	(80)	(81)
Silice	33.30	17.00	5.00	12.00	3.00	15.00
Alumine	—	4.00	1.60	6.30	1.60	4.00
Peroxyde de fer	66.00	78 00	89.60	75.60	94.00	80.60
Oxyde rouge de manganèse	traces	—	traces	—	traces	—
Chaux	—	0.60	—	traces	0 15	traces
Magnésie	0.30	traces	0.15	0.30	traces	traces
Acide sulfurique	—	—	—	—	—	—
Acide phosphorique	0.04	0.05	0.10	0.05	0 05	0.04
Perte par calcination	—	—	3.30	5.60	1.00	—
Total	99.64	99.65	99.75	99.85	99.80	99.64

Nom de la personne qui a fait l'envoi : M. E. Chevalier.

Date de l'analyse : août 1876.

MINERAIS DE FER.

Nature : Fer oligiste avec fer oligiste oxydulé.

Provenance : Arrondissement de Philippeville — Cercle de Collo. — Aïn-Sedma.

Analyse :

	(82)	(83)	(84)	(85)	(86)	(87)
Silice	2.00	16.00	11.00	7.60	16.00	14.00
Alumine	—	4.00	—	2.30	4.00	4.00
Peroxyde de fer	99.00	80.00	91.60	89.60	79.60	77.30
Oxyde rouge de manganèse	—	—	—	—	traces	—
Chaux	traces	traces	—	—	—	4.00
Magnésie	traces	traces	—	—	—	0.30
Acide sulfurique	—	—	—	—	—	—
Acide phosphorique	0.05	0.09	traces	0.05	0.07	0.16
Perte par calcination	—	—	—	—	—	—
Total	101.05	100.09	102.60	99.55	99.67	99.76

Nom de la personne qui a fait l'envoi : M. E. Chevalier

Date de l'analyse : août 1876.

MINERAIS DE FER.

Nature : Fer oxydulé avec fer oligiste.

Provenance : Arrondissement de Philippeville. — Cercle de Collo. — Aïn-Sedma.

Analyse :

	(88)	(89)	(90)	(91)	(92)
Silice	2.60	10.60	3.60	2.00	2.30
Alumine	—	5.00	1.60	—	—
Peroxyde de fer	96.60	84.30	95.30	98.00	98.60
Oxyde rouge de manganèse	traces	traces	traces	traces	traces
Chaux	0.20	—	—	—	traces
Magnésie	—	—	—	—	—
Acide sulfurique	—	—	—	—	—
Acide phosphorique	traces	traces	traces	0.05	0.05
Perte par calcination	—	—	—	—	—
Total	99.40	99.90	100.50	100.05	100.95

Nom de la personne qui a fait l'envoi : M. E. Chevalier.

Date de l'analyse : août 1876.

MINERAIS DE FER.

Nature : Fer oligiste avec fer oxydulé.

Provenance : Arrondissement de Philippeville. — Cercle de Collo. — Aïn-Sedma.

Analyse :

	(93)	(94)	(95)	(96)	(97)
Silice	5.60	5.00	3.60	5.60	2.00
Alumine	—	1.60	traces	2.60	—
Peroxyde de fer	93.60	87.00	96.00	90.60	99.00
Oxyde rouge de manganèse	—	—	—	traces	traces
Chaux	—	0.10	traces	0.30	0.20
Magnésie	—	—	—	—	—
Acide sulfurique	—	—	—	—	—
Acide phosphorique	0.04	0.06	0.06	0.05	0.05
Perte par calcination	—	6.00	—	—	—
Total	99.24	99.76	99.68	99.15	101.25

Nom de la personne qui a fait l'envoi : M. E. Chevalier.

Date de l'analyse : août 1876.

MINERAIS DE FER.

Nature : Fer oxydé hydraté (98, 99). — Oligiste (100, 101).

Provenance : Arrondissement de Sétif. { Aïn-Tourba (tribu des Allaoun) (98). — Bathna (99).
Cercle de Bougie (Beni-Mimoœn) (100, 101).

Analyse :

	(98)	(99)	(100)	(101)
Silice..................... } Alumine.................. }	26.00	21.00	33.00	2.00
Peroxyde de fer................	61.50	68.80	65.70	94.60
Oxyde rouge de manganèse....	—	—	—	—
Chaux......................	—	1.00	—	—
Magnésie...................	—	—	—	—
Acide sulfurique............	0.50	—	—	0.10
Acide phosphorique..........	traces	traces	0.06	0.20
Perte par calcination........	11.50	9.00	1.20	2.60
Total......	99.50	99.80	99.96	99.50

Nom de la personne qui a fait l'envoi : (98) M. Besson. — (99) M. Cesté. — (100, 101) M. Gruner.

Date de l'analyse : (98) décembre 1858. — (99) janvier 1858. — (100, 101) 24 août 1865.

DÉPARTEMENT D'ORAN.

NOMBRE DES ÉCHANTILLONS ANALYSÉS : **33**.

MINERAIS DE FER.

Nature : Minerai de fer violet avec calcaire.

Provenance : Arrondissement d'Oran.

Analyse :

	(1)	(2)	(3)	(4)	(5)	(6)
Silice..................... / Alumine............... ...	1.00	1.00	4.00	0.60	1.30	2.00
Peroxyde de fer..............	66.45	61.38	70.46	64.72	76.46	67.70
Oxyde rouge de manganèse....	7.55	5.28	5.04	7.58	5.14	1.60
Chaux......................	10.66	15.60	8.60	13.60	5 66	11.00
Magnésie...................	traces	0.30	traces	traces	0.50	2.00
Acide sulfurique..	0.96	0.48	0.45	0.70	0.45	0.30
Acide phosphorique......... .	traces	traces	0.20	0.20	traces	0.10
Perte par calcination.........	13.37	15 52	11.15	12.30	9 85	15.30
Total......	99.99	99.56	99.90	99.70	99.36	100.00

Nom de la personne qui a fait l'envoi : (1 à 5) M. Demanet. — (6) M. Frontault.

Date de l'analyse : (1 à 5) juin 1869. — (6) avril 1873.

MINERAIS DE FER.

Nature : Minerai de fer violet.

Provenance : Arrondissement d'Oran (7, 8, 9). — Cap Ferrat (10, 11). — Bab M' Teurba (Traras) (12).

Analyse :

	(7)	(8)	(9)	(10)	(11)	(12)
Silice..........................	2.00	2.30	1.00	2.60	5.30	2.60
Alumine......................	—	—		traces	3.30	traces
Peroxyde de fer	63.00	76.00	87.10	60.60	62.60	80.38
Oxyde rouge de manganèse....	—	—	0.10	0.40	1.40	3.40
Chaux......................	17.00	10.00	3.50	11.20	13.00	—
Magnésie....................	—	—	0.20	3.60	1.00	—
Acide sulfurique	traces	traces	traces	2.49	—	0.12
Acide phosphorique	—	—	traces	0.10	0.07	traces
Perte par calcination..........	17.00	11.20	8.00	18.60	13.00	11.40
Total......	99.30	99.50	99.90	99.49	99.67	99.90

Nom de la personne qui a fait l'envoi : (7, 8) M. Courbet. — (9) M. Salomon. — (10, 11) M. J. Garnier. — (12) M. Castillon.

Date de l'analyse : (7, 8) décembre 1857. — (9) juillet 1874. — (10, 11) février 1874. — (12) janvier 1874.

MINERAIS DE FER.

Nature : Fer oxydulé (13, 15, 16). — Hématite brune (14, 17, 18).

Provenance : Arrondissement d'Oran. — Commune d'Oran (13, 16, 18). — Mont Saboul (14, 15, 17).

Analyse :

	(13)	(14)	(15)	(16)	(17)	(18)
Silice / Alumine	7.00	28.60	6.00	1.00	2.00	38.50
Peroxyde de fer	91.50	57.00	70.00	97.50	91.34	57.50
Oxyde rouge de manganèse	—	3.30	—	—	traces	—
Chaux	—	—	12.00	traces	—	—
Magnésie	—	—	—	—	—	—
Acide sulfurique	0.50	—	0.33	1.00	—	—
Acide phosphorique	—	0.16	—	—	—	0.10
Perte par calcination	1.00	10.60	11.66	0.30	6.66	3.50
Total	100.00	99.66	99.99	99.80	100.00	99.60

Nom de la personne qui a fait l'envoi : (13) M. Gicquel. — (14) M. Leforestier. — (15, 16) M. Demanet. — (17, 18) M. Bayard de la Vingterie.

Date de l'analyse : (13) février 1860. — (14) novembre 1860. — (15, 16) mars 1866. — (17, 18) mars 1857

MINERAIS DE FER.

Nature : Minerai de fer violet avec calcaire.

Provenance : Arrondissement d'Oran. — Djebel-el-Hadid (19 à 23). — Aïn-Témouchen (24, 25).

Analyse :

	(19)	(20)	(21)	(22)	(23)	(24)	(25)
Silice / Alumine	1.00	2.60	3.30	3.00	4.30	2.00	2.00
Peroxyde de fer	87.10	57.10	67.30	78.60	72.30	81.90	77.00
Oxyde rouge de manganèse	0.10	traces	traces	1.00	—	3.60	4.40
Chaux	3.50	14.60	10.60	5.00	1.00	2.60	5.00
Magnésie	0.20	3.60	2.60	0.30	6.60	0.20	0.50
Acide sulfurique	traces	traces	—	—	0.10	0.08	0.09
Acide phosphorique	traces	0.10	0.10	traces	0.20	traces	traces
Perte par calcination	8.00	21 30	16.00	12.00	15.30	9.00	11.00
Total	99.90	99.30	99.90	99.90	99.80	99.38	99.99

Nom de la personne qui a fait l'envoi : (19) M. Barthe. — (20 à 23) M. Evrard. — (24, 25) M. Autran.

Date de l'analyse : (19) février 1873. — (20 à 23) mars 1873. — (24, 25) août 1873.

MINERAIS DE FER.

Nature : Fer oxydulé avec fer micacé et hématite brune.

Provenance : Arrondissement d'Oran. — Commune de Bousfer. — Oued Madagre, Camérata.

Analyse :

	(26)	(27)	(28)	(29)	(30)	(31)	(32)	(33)
Silice	5.00	2.00	4.00	3.00	34.00	3.30	3.30	1.60
Alumine	traces	traces	0.60	traces	18.00	traces	0.60	—
Peroxyde de fer	95.00	93.60	87.60	80.00	30.00	74.90	63.30	87.60
Oxyde rouge de manganèse	0.10	—	—	0.20	0.15	1.30	2.30	2.60
Chaux	traces	traces	traces	4.30	5.30	5.60	9.00	2.30
Magnésie	0.60	traces	0.60	1.50	1.60	2.00	2.40	0.60
Acide sulfurique	0.28	0.42	0.07	0.07	0.10	0.17	0.14	0.32
Acide phosphorique	0.06	0.06	0.05	0.22	0.25	0.07	0.06	0.16
Perte par calcination	0.60	3.60	6.60	10.60	10.60	12.30	18.30	4.30
Total	101.64	99.68	99.52	99.89	100.00	99.64	99.40	99.48

Nom de la personne qui a fait l'envoi : M. A. Pesson.

Date de l'analyse : mars 1874.

PARIS. — TYPOGRAPHIE LAHURE
Rue de Fleurus, 9

www.ingramcontent.com/pod-product-compliance
Lightning Source LLC
Chambersburg PA
CBHW071643200326
41519CB00012BA/2381

9782012752221